行ってはいけない 呪いの村

監修 都市ボーイズ

宝島
SUGOI
文庫

宝島社

はじめに

我々、都市ボーイズは都市伝説やオカルト、怪談などを収集し、初心者でも楽しめるように発信している〝怪奇ユニット〟です。

我々が監修した前作『怖い村の話』がおかげさまでご好評いただき、続編となる本書を刊行することができました。ご購読いただいたみなさんに感謝申し上げます。


本書で取り上げる怖い村、島といった「いわくつきの地」は恐怖と怪異が詰まったテーマです。「いわくつきの地」は時代や環境によって捉え方が変わります。その土地では当たり前だったルールが、他の土地や現代の我々から見るとおぞましく見えたり、異様に思えたり。そこに我々は得体の知れない恐怖と好奇心を抱くのです。

取材のなかで、ある呪術師に話を聞くことができました。その方は、「2021年がここ最近でいちばん依頼の件数が多かった」というのです。これだけ科学が発達した現代においても、呪術にすがる人が増えているという現象はとても面白いですよね。「呪術廻戦」もヒットするなど、現在はさながら〝呪いの時代〟とも言えるでしょう。このような呪術と同様、怖い村、奇習など奇妙なものへの好奇心は人間の心からは消え難いと思います。
しかし、怖い村、島、奇習、奇祭は時代の変化や過疎化により、風化し、年々減少の一途をたどっています。これらがインターネットにも書き込まれず、ひっそりとなくなってしまうのは、とてももったいないことだと思います。そのため、本書のような書籍を通じて現地の恐ろしい雰囲気や文化を体験し、みなさんが「いわくつきの地」の〝語り部〟になることを我々は願っています。そして、かつてあった文化や言い伝えが、少しでも後世まで残せたらうれしいです。

現在、我々のもとには多くの方から「いわくつきの地」や不思議な現象についての、メッセージが届いており、その量と内容の質には驚かされるばかりです。実際に現地に赴き、時には投稿者とお会いして話を聞いていると、大抵の情報がインターネットで手に入る現代でもまだまだ知られていない、恐ろしい話がたくさんあることを実感します。
本書では、そんなまだまだ語られていない生々しい情報が詰め込まれています。ぜひ、奇妙で怪しい、「いわくつきの地」を堪能してみてください。

2023年7月　都市ボーイズ

目次

第三章 行ってはいけない怖い「禁断地」の話

第四章 行ってはいけない怖い「奇習」の村

第五章 行ってはいけない怖い「都市」の呪場

247

白子《しらこ》村、その後

〝お祓いなど効くはずがない〟怨念が渦巻く地

[カバー・表紙デザイン] OKADESIGNOFFICE
[本文デザイン&DTP] 武中祐紀
[協力] 清談社
[編集] 片山恵悟

第一章

呪いの「少年愛」の村

中部地方

美少年「生贄《いけにえ》」村

▼〝男児を人柱〟に捧げるおぞましき古代の信仰

ワイドショーで流れる少年に対する性的虐待の芸能事務所のニュースか、およよ70年前のおぞましい私の記憶を呼び起こす。少年愛、生贄……人の欲望というものは、どれだけ時代が変化しようともまるで変わらない。弱い者は、強い者に利用され、踏みにじられ、捨てられる。そういう運命にあるのだ。

これは私が小学3年生の時の出来事——。

中部地方の山間部にある貧しい村。土地は痩せ、どんな作物も満足に育たない。冬は厳しい寒さにさらされ、豪雪が村と外界を遮断する。夏が過ごしやすいかといえば、そんなこともない。樹林が多い山村の木陰は都会よりいくぶん涼しいが、木陰を出れば、照りつける太陽がじりじりと肌を焼く。

食卓に並ぶのはそばの粉を湯で溶いたものや、わずかな麦飯。漬物はあればいいほうで、家で栽培していた葱《ねぎ》に味噌をつけたものをおかずとして食べていた。たまに、魚の塩漬け

取材協力●阿部昭利(仮名)　構成●桜木ピロコ

を売りにくる行商人がいた。肉は、東京に出てくるまで、鶏肉とうさぎの肉しか食べたことがなかった。私の家がとくに貧しいというわけではなく、当時の山村は、こんな家庭が多かったと思う。

雨が降れば道はぬかるみ、雪が降れば坂道で転ぶ。小学校へは、近所の悪ガキ仲間と一緒に通ったものだ。田舎《いなか》でも、子供はそれなりに多く、小学校も1学年2クラスあった。あの当時が、私の村がよかった最後の時代だ。過疎化し、寂れた村は、いまはもう存在しない。そのことに心底安堵する。

天女のように美しい転校生の少年

「東京から転校生が来ました」。2学期の始業式の日、先生の紹介で、初めて新庄幹夫(仮名)を見た時のことは、昨日のように思い出せる。

年中陽に焼けている私たちと違い、幹夫の肌は蝋《ろう》のように白く、その唇はうっすらと紅《あか》い。坊主頭の男児しか見たことがなかったから、眉辺りで切り揃えられた、艶やかな黒髪にも驚いた。白いシャツに紺の半ズボン。膝までの靴下に黒い靴を履いていた。幹夫は、天から降りてきた天女のように美しく、私は衝撃を受けた。

「よろしくお願いします」。そう言って、うっすらほほ笑むと、いっそう妖艶でこの世の者とは思えなかった。そう感じたのは私だけではなかったようで、組の同級生たちは、水を打ったように静まり返り、みな息を飲んでいたものだ。女性徒などは、ぽっと頬を赤らめ、あからさまに恋に落ちたような呆《ほう》けた顔をしていた。

転校生など来たことがない田舎の学校だからか、幹夫はいじめられるどころか、あっという間に組の人気者になっていった。生来の美貌に加え、幹夫には不思議な魅力があった。率先して話すわけではないが、幹夫といるとなんとも心地よくなる。聞き上手だったのかもしれない。弁当を食べる時も、休み時間に遊ぶとき時も、私はひっそりといつも幹夫のそばにいて、彼を見つめていた。

学校からの帰り、幹夫に呼び止められた時は、心臓がきゅうと音を立てるほど驚いた。

「家、近いよね。僕もこっちなんだ。一緒に帰らない？」

その日から、私と幹夫は親友になった。昭利という私の名前から、幹夫は私を「あっくん」と呼び、私は幹夫のことを「みっくん」と呼ぶことにした。学校では、仲間の一人として、それなりに過ごすのだが、帰路と放課後は毎日2人きりで遊ぶようになった。

「僕、この村で、生まれたんだって。お母さんが用事があって帰ってきたから、もう東京へは戻らないんだ。あっくんとずっと一緒にいられるね」

そういって頬を赤らめる幹夫は美しく、私は幹夫を守るためならなんでもしようと心に誓った。

幹夫の家には父親はいない。すらりとした母親と2人暮らしだ。どうやって生活しているのか、母親は毎日家にいた。優しく無口な母親は、村にいるどんな女性とも違うたおやかな雰囲気で、とてもいい香りがした。クッキーやバナナを初めて食べたのは幹夫の家でだ。私は、3人で過ごす午後が大好きで、毎日夢のように幸せだった。

木柱祭《きばしらさい》は『古事記』の時代から続く古代の信仰

私と幹夫が出会った翌年は、7年に一度の木柱祭の年だった。正確には6年に一度、数えで7年に一度の寅《とら》と申《さる》の年に木柱祭は開催される。1200年の歴史を持つと言われているが、某大社の氏子《うじこ》である私の村では、木柱は『古事記』の時代から続く古代の信仰だと聞かされていた。

寝物語に、某大社がどれだけ素晴らしい神社かを聞き、木柱祭で巨木に乗ることが、男の本懐《ほんかい》だと教えられた。毎日そんな話を聞かされるので、どこの家庭でも、男児の憧れは「木落《きおと》し」の際に、木柱の先頭に乗り、無事に坂を下り切ること。運んだ4本の木柱を社《やしろ》の四方に立てる「建て方」になることだった。もちろん私も大人の言うことになんの疑いも抱かずに育ち、幹夫と木柱祭を見学することをとても楽しみにしていた。

私と幹夫は木柱祭を見るのは初めてだ。勇敢で荒々しい祭は篤《あつ》い信仰心を表現する傍ら、氏子である私たちにとっては最大の娯楽でもある。

「木柱楽しみだね。俺は大人になったら木落しの先頭に絶対なるんだ。みっくんは、俺の後ろに乗ればいい。俺が守ってやる」

「うん。そうだね。楽しみだ」

目を輝かせる幹夫は愛《いと》おしかった。

祭りが始まる4月に入ってから、幹夫は家で一人で過ごすことが多くなった。木柱の会合とかで、幹夫の母親が度々外出するようになったのだ。大勢と話すためか、帰宅した幹夫の母親はとても疲れていて、すぐに布団に入ってしまうという。

「あっくん、お母さん大丈夫かなぁ。僕、心配だから今度会合を見に行ってみようと思うの。あの端の社あるでしょ。お母さん、おじさんたちと、いつもあそこに行ってるんだ。あっくん、一緒に来てくれない？」

幹夫にいいところを見せたいという思いと、少しの正義感で、私は幹夫のボディガードのつもりで村はずれの社に向かった。その日は季節外れの暑さで、幹夫の母親が村の男たちと一緒に社に入った午後4時でも、ムシムシとした嫌な風が吹いていた。

大人の笑い声とともに、かすかに酒と煙草《タバコ》の匂いが流れてくる。何を祀《まつ》っているのか、社の形はしているが、鳥居も本坪鈴《ほんつぼすず》（拝殿の前の上部に吊り下げられている鈴）や賽銭箱もない。某大社の分社と聞いていたが、実際のところ、何に使用されているかまったくわからなかった。社の横に木の柵がついた小さな窓があったので、幹夫と2人、そっと覗いてみた。

この時の光景を地獄と言わず何を地獄と言うのだろう——幹夫の母親は仰向《あおむ》け状態で、細くたおやかな両脚は、木の枝を2つに引き裂くように大きく開かれている。その間に、村の男が覆い被さり、幹夫の母親を苦しめている。白く丸い乳房にはまた別の男たちが吸いつき、両手はまた別の男が抑えつけ、自らの陰茎を握らせていた。そして、その周りにでは、半裸の男たちが下半身を露出した状態で酒を飲んでいる。にやにやと笑っているのは同級生の父親だ。

幹夫の母親は死体のように静かだったが、かすかにうめいており、その目からは涙があふれていた。

子供の私でも、何をされているのか即座に理解できた。幹夫の顔をみると、怖ろしいほど青白く、まるで人形か絵画のように、微動だにしていない。私は幹夫の手を強く握ると、社から離れ、幹夫の家へと急いだ。

「みっくん、この村を出よう。一緒に東京に行こう。いますぐ行こう」

「無理だよ。お金もないし、僕たち子供だよ」

気づけば夕方の6時を過ぎている。一緒に東京に行こうと言いながら私は、「ああ、遅くなったから母ちゃんに叱られる」と考えていた。それを察したのか、幹夫は私に帰宅を促した。なんとしてでも幹夫を守る。あんな地獄を二度と幹夫に見せない。その決心も本当だったが、では、どうしたらいいのか。それを思いつくほど、私は賢くはなかったのだ。

美少年を四つん這いにして穢《けが》す儀式

後日、祭りの準備が進むなか、村の社で見た幹夫の母の姿を、私と幹夫が口にすることはなかった。幹夫が望まないかぎり、それでよかった。

いよいよ木柱祭に氏子である近隣村民だけでなく、全県中の人々が集まり始める時期となる。最も盛り上がるのは「木落し」と「川越し」の儀式だが、私と幹大はあえて、深夜に開催される「遷座《せんざ》の儀」を見学することにした。2人とも物ごとを斜めに見るマセた子供だったこともあるし、その日は子供が夜中に出歩いても怒られなかったからだ。2人で特別な時間を共有したいと考えたのだ。

前日から、私たちは幹夫の母親とともに某大社近くの町宿で過ごした。村とは違う、少しだけあか抜けた町に心が躍る。某大社の周りには屋台が出ていて、私と幹夫はお面を買ったり、飴を買ったりして祭りを楽しんだ。幹夫の母親も上機嫌で、私たちは3人家族のように振る舞い、笑い合った。「明日は、遷座の儀だからたっぷり眠っておかないと」。そう言いながら私たち3人は手を繋いで眠った。

尿意を覚えて目が覚めたのはいったい何時頃だったのだろう。ふと横を見ると、幹夫と幹夫の母親がいない。私は落ち着いていた。あの夜、村の社で「あんなこと」があったのだから「何かある」に違いない。楽しいだけで祭りが終わるはずがない。私は、そう覚悟を決めて祭りに来ていたのだ。

部屋を出て静まり返った深夜の宿を見回ると、離れのような場所に明かりがついていた。声をかけてはいけない。起きたことを気づかれてはいけないと思ったのは、本能か。私は、離れの障子を開け、部屋の中を見た。

薄暗い裸電球が一つ灯《とも》された畳の部屋の中央では、白い手拭いで猿ぐつわをされた幹夫が四つん這いになって泣いている。白く滑らかな幹夫の背中は弓のように反り、喉がいまにも裂けてしまいそうなくらい頭は上を向いている。見知らぬ大柄な男は、私の愛しい幹夫の小さな臀部《でんぶ》を掴み、鼻息を荒くして、腰を動かしていた。部屋の四隅には、4人の男が正座してそれを見守っている。大柄な男が動くたび、幹夫の太ももには、真っ赤な血が滴《したた》り落ちた。私は、あまりの光景にショックで気を失った。

気がついた時には、宿の布団の上で、幹夫の母親が心配そうに私の顔を覗き込んでいた。泣きはらしたその目から、母親はすべての事情を知っていたことを悟った。母親は、自分だけ罪を背負うことに耐えられなかったのか、暗闇の中、私にぽつりぽつり話をしてくれた。

生贄の少年を産むために村中の男の相手を

母親の話はただただ悲しいだけの話だった——。

木柱祭が本当に必要としているものは「男児の生贄」であること。

遷座の儀の前夜、人柱になるために選ばれる男児は4人。

罪を背負わせるために4人の男児は同性に穢されること。

幹夫の母親は子供の頃に村に売られてきたこと。

初潮を迎えると生贄にする男児を産ませるため村中の男たちの相手をさせられてきたこと。

今回、幹夫を生贄にする番なので東京から村に連れ戻されたこと。

幹夫はすでに新しい柱の根元に埋められたこと。

自分は生きる術《すべ》がないからまた子供を産まされること。

このことは、私の親や学校の先生をはじめ村人全員が了解済みのこと。

そして、誰かに話せば7年後に生贄にされるのは私であること。

ここまで聞いて、私の意識はまた遠くなり、目を覚ますと太陽が明るい昼間になっていた。某大社をあとにして、幹夫の母親と手を繋いで村に帰る。私の親は、某大社はすごかったか、お祭りは楽しかったかと、にこやかに聞いてきた。

学校では、幹夫など初めからいなかったかのように、誰一人その存在を口にしなくなっていた。私もまた、何事もなかったかのように過ごした。天女と見紛《みまが》うほど美しい幹夫を、絶対に守ると誓った幹夫を私は消し去った。自分が助かりたいから。その後、幹夫の母親がまた子供を産んだが、口を利くことは二度となかった。

7年後、次の木柱祭に関わることなく、私は15歳で上京し食品メーカーに勤務した。結婚し子供を2人もうけた。贅沢な暮らしではなかったが、定年まで働かせてもらえて、満足のいく生活だった。

そして定年から10年以上が経ったいま、ワイドショーで流れる芸能事務所のニュースに私は大きく心を揺さぶられる。少年に対する性的虐待の話だ。時代が代わり、場所が変わっても、強い者は生贄を求めるのだ。弱いものは蹂躙《じゅうりん》され穢される。そしてもっと弱いものは、自分が助かるために生贄を差し出し、逃げるのだ。

幹夫と過ごした私の村は隣村と統合され、村の名前はなくなっている。生贄を創り、差し出し、私から幹夫を奪った村の名前がもう存在しないことに、私は心底安堵している。少年への性的虐待を繰り返すような、おぞましい事件を生んだ芸能事務所の名前は消えて当然、と私は思う。

蛇仁村《じゃにむら》

▼「若者組」が村長とまぐわう〝男根を慈《いつく》しむ村〟

東北地方山間部

文●江戸川正

これは私が仕事で知り合った高橋義朝《よしとも》さん（仮名）から聞いた話だ。バーのカウンターに座る、グレイヘアを七三分けにしたダンディな義朝さんは「酒がまずくなったらすまんな」と前置きして彼の祖父について語ってくれた。

40年前に亡くなった義朝さんの祖父・忠平《ただひら》さん（仮名）は、目鼻立ちがしっかりとした顔立ちだったそうで、若い時は美男子と評判だったらしい。そんな忠平さんは亡くなる2年前、当時20代だった義朝さんに「俺の遺言、いや独り言だと思って聞いてくれ」と、突然こんな話をしたという。

忠平さんが生まれ育ったのは東北の山奥の集落だった。当時、明治維新を経て、近代化への道を進んでいた日本だが、まだまだ東北の山村は旧来的な生活と価値観が残っていた。とくに忠平さんの出身地域は山間部にあり、外との交流もそこまで盛んではなく、それゆえ、土着的な人間関係や主従関係が村には色濃くあった。

村長を〝拒んだ〟ヤツは要職に就《つ》けない

「お前、若者組って知ってるか」

忠平さんは義朝さんに、いきなりこう言った。「若者組」とは、かつての日本の伝統的な地域社会に存在していた組織で、一定の年齢に達した地域の男性が集まり、年長格のリーダーが地域の規律や飲酒・喫煙などの生活指導を若者に行っていた。村内の消防や警備の役割を担うこともあったし、さらには先輩たちによって後輩の村内恋愛・結婚の管理、また当時は当たり前だった夜這《よば》いの指示などもされていたという。だが、西洋的思想のもと夜這いが批判され、さらに公教育の普及、人口の都市部への流出により、徐々に若者組は衰退していった。

戦後生まれの義朝さんが知らないのも無理はない。若者組の説明を一通りした忠平さんは、自身の経験を話し出した。

「村には、まだ若者組があって、俺は13歳くらいには加入したかな。全員で20人以上はいたかもしれない」

若者組への加入は村の男子にとっては大人への一歩を踏み出すイニシエーションだった。忠平さんもようやく一人前になれると思い、当初は心を躍らせていたという。しかし、忠平さんは村の若者組内部の事情を知って驚愕することになる。

「若者組のリーダーというか、指導者は村で権力を持っていた村長の老人だった。これは後年に知るんだが、普通の若者組のリーダーは若くて、しかもメンバーも結婚とかで若者組を抜けるから、数年ごとに若返るということだった。でも、俺らの地域ではその村長がずっと居座っていた。村長は結婚もしていないし、村の地主のような家柄で資産家。村ではかなり一目置かれる権力者だった」

定期的に開催される若者組の集まりには、原則全員参加。規律の確認や近況の報告、縁談の相談などが行われるが、驚愕の内部事情は話し合いが終わってから始まる。忠平さんは重い口を開いて、こう言ったという。

「……村長とまぐわうんだよ。もう、お前もそういうのわかるだろ？　1人か2人ずつ襖《ふすま》の向こうに入って行って、10分か15分そこらで出てくる。代わる代わる村長の部屋に入って行くんだ。初めて現場に行って襖越しにいろんな声が聞こえた時は驚いたさ。そんなことは何も知らされてなかったからな。でも、10代前半で若かったから、それが普通なのかとも思ってしまった。だから俺も村長としたさ。数カ月も組にいたら、わかったよ。村長がとくに気に入っている先輩が村の行事を仕切ったり、結婚が優遇されたりしていたんだ。

大人の村人はそのことを全員知っていたようだが、誰も口出しはしなかった。反対に、村長の好みじゃない村民や、関係を拒んだヤツは村の要職には就けないし、あからさまに冷遇されていた」

組に所属する若者は結婚するか20代後半になると自然に脱退していく。ただ、脱退したメンバーにも村長の影響力は機能していた。

「結婚して若者組を抜けた先輩の奥さんが行方不明になった。普通は村で大ごとになるんだが、たいした捜索もせず、警察にもろくに連絡しない。ついには『神隠しにあった』というのが村の総意になった。でも、いま思えばあれは先輩が妻を殺して、村中がそれを隠《いん》蔽《ぺい》したんだ。浮気やひどい夫婦喧嘩があったようだし、先輩は美男子だったけどとにかく気性が荒かったから。ただ、先輩は村長とは組の頃から仲が良かった。村長の鶴の一声で、奥さんの死は隠蔽されたんだろう。10代だった俺でも村長の権力は理解していたから、求められたら……拒めるはずもないだろ……」

それから、しばらく忠平さんは口をつぐんだ。目には微かながら涙が滲んでいたようで、初めて見る祖父のそんな姿に、義朝さんは言葉が出なかったという。しばらくの沈黙の後、忠平さんはまた話し始めた。

「当時、集落は貧しくて、間引《まび》きや娘の身売りも行われていた。食い扶持《ぶち》を減らすために、生まれたばかりの子供は殺し、娘も売るんだ。村長は年齢的にだいぶ晩年だったけど、間引きや身売りの人選にも関わってた。わかるだろ。我が子を失った親たちの泣き声がいまだに耳から離れない」

男児が生まれなくなった〝村長の呪い〟

しかし、ある年の村祭り中に、突然村長が倒れて死んだ。

「どうやら毒が食事に混ぜられていたらしいが、結局犯人はわからなかった。でも、俺も含めてみんなどこかホッとしていたのは事実だ。村長には子供がいなかったから、次の村長は話し合いで決められ、例の若者組も健全な形になっていって、まあ民主的になったわけだ」

だが、村に完全な平穏は訪れなかった。

「村長が死んでから、男児がまったく生まれなくなったんだ。村では〝村長の呪い〟とされていた。お祓いをしたり、熱心に墓参りをしてもダメだった。働き手の若い男が減っていって、村は徐々に衰退していった。俺は、村長が死んで数十年後に、仕事を求めてやっと村を出たから、そのあとのことは詳しく知らない。戦争も経験したが、振り返ったらあの村での生活がいちばんツラかったかもしれないな」

これが義朝さんが祖父・忠平さんから聞いた話だ。そして、義朝さんは私に苦々しい顔を向けながら続けた。

「村は昭和に廃村になったけど、周りの地域からは通称、〝蛇《じゃ》仁《に》村《むら》〟と呼ばれていた。蛇がつく地名は水害があったことを指して、実際にその村も度々《たびたび》河川が氾濫していたから、その名前なんだろうと思っていた。でも、この村の話を祖父から聞いて察したよ。蛇は男根を意味しているんだって。そして、仁は……」

義朝さんはグラスのウイスキーを一気に飲み干し、こう答えた。

「仁には『おもいやり・いつくしみ』という意味があるそうだ。祖父が絶対にその村名を口にしなかった理由がわかったよ。〝男根を慈しむ村名〟なんて口が裂けても言いたくないはずだ」

私は何も言えなかった。重い空気の中、最後に義朝さんがつぶやいた。

「でもな、俺の子供は2人姉妹。この前生まれた孫も女なんだよ。祖父と祖母には男が生まれなかったから親父は婿養子だ。そして、祖父は蛇仁村の話を親父にはしていないらしい。どうやら、事情を知ってしまった俺に〝村長の呪い〟が来たみたいだな」

第二章

行ってはいけない怖い「村」の話

岳《たけ》集落 ❶

▼有象無象の霊が、人間を自分たちの世界に引き込む地

埼玉県秩父地方

これは、私がとある映像作品のロケで、埼玉県にある岳集落に行った時の話だ。

岳集落は埼玉県秩父地方の廃村集落。1955年には10戸44人の人口があったといわれるが、その後、過疎化によって建物を残して廃集落となった。この集落には一家惨殺の噂や自殺目的の放火事件などいくつもの〝いわく〟がささやかれている。また、ホラーゲームの舞台になったことでも知られ、多くのゲームファンや心霊ファンがたびたび訪れているスポットでもある。

そのような場所にロケに向かったのは、私と若い女性共演者2人、そしてカメラマンをつとめる男性の計4人。これまで私は岳集落にまつわる怪談を多く聞いていたため、この日をとても楽しみにしていた。その日は昼過ぎに現地へと向かって出発した。

集落がある場所へは途中まで車で行けるのだが、集落自体はかなりの山奥にあるため、車を降りて徒歩で向かわざるをえない。集落へ続く坂道では、お地蔵様があったであろう

文●あみ

祠《ほこら》が潰れていた。本来、土地を守る存在である祠の無惨な状態に嫌な感じを抱きつつ、我々は集落へと進んだ。

数分歩くと、林に囲まれた集落が見えてきた。民家は残っているのだが、2階の床が崩れ落ちていたり、玄関が潰れていたりする廃屋が点在していた。

しばらく周辺を見たあと、私は一軒の廃屋の前に共演者の2人を呼んだ。予定にはなかったが、どうしてもある怪談を話したくなったのだ。そこで話した怪談は次のような内容である。

ずっと耳元にいた〝おじさん〟

とある男女グループが自動車の免許を取得した記念として、岳集落へ車で肝試しに行った。男性4人と女性2人の6人グループの彼らは、集落の近くまで車で行き、我々が通ってきたのと同じ道を歩いて、真夜中の岳集落にたどり着いた。

すると、一軒の家の前を通った時、突然一人の女性が「私、もう無理。無理、無理！」と、泣き出した。

ひとまず彼女をなだめるために座らせようとしたが、地面はガラス片や砂利にまみれていて危ない。そこで仲間たちは、すぐそばに建っていた蔵の脇の、舗装されたスペースに連れていったという。

うずくまる女性は、そこで泣いている理由を語り始めた。

「この集落に入ってから『うう……』という唸り声が聞こえていて……。虫の羽音かと思って手で払っていたんだけど、ずっとやまなかったの。でも、あの一軒家の前を通った時に、もっと大きな唸り声が聞こえた。『もうやめて！』って思いながら、ふと家の窓を見た時、私の耳のすぐそばで、おじさんが唸っている顔が反射して映ってた……。それって、集落に入った時から、ずっと耳元にいたってことでしょ……」

そう話す女性が座っていたのは、くだんの一軒家の隣にある蔵の、舗装された入り口。入り口の扉は外されていて、彼女をなだめていた男性には、彼女越しに蔵の中が見えていた。蔵の中は、外からも2階部分が見えるようなつくりになっていたのだが、その2階部分に、見知らぬおじさんがしゃがみ込んでいたという。おじさんは男性とじっと見つめながら、何かをしゃべっているような様子で口を動かしていたそうだ。

集落の入り口には自分たち以外の車はなかった。他に人がいるはずもないのに、人間が蔵の中にいて、口を動かしているのだ。

さらに、おじさんが口を動かすたびに、男性の耳元では「うう……」という唸り声が聞こえたという。

驚いた彼はとっさに叫び声をあげてしまった。彼の悲鳴をきっかけにパニック状態になった仲間たちは、散り散りに車へ戻ってしまったが、叫んだ本人は腰が抜けて動けない。彼の意識は、そこから途切れてしまった。

意識を取り戻した彼は、気がつけば車の中にいた。仲間によれば、いったん全員逃げ出したあと、残された彼を連れ戻しにやってきて、気絶している彼を抱えて車に帰ったという。叫び声をあげた彼は、車に戻るまでの記憶がいっさいなかった……。

訪れる人間を監視する複数の霊

当初、私はこの怪談を話すつもりはまったくなかった。しかし、それでも話したのにはある理由があった。

まず、位置関係や見た目からして、この話に登場する蔵が実際に存在していたこと。もうひとつは、共演者の一人が集落に続く道を歩いていた際に「おじさんの声がする」と、怪談に出てくる女性と同じことを言っていたからだ。もちろん、共演者とスタッフには事前にこの怪談を話してはいない。

こうした怪談を明かしている最中にも、もう一人の共演者が「知らない人の声が聞こえた」と言い、現場は少しパニックに陥っていた。

ただ、これだけでは終わらなかった。その時はちょうど夕日が沈む、〝逢《お》う魔《ま》が時《とき》〟になり、集落一帯には薄い霧がかかっていた。すると、建物の向こう側の霧の中に、走りながら横切る人影が見えたのだ。我々からほんの数メートル向こうだ。進行方向を考えると建物の陰からまた出てくるだろうと思ったが、その人影は姿を現さなかった。もちろん、建物の中には誰もいない。

その後に気づいたのだが、すぐ目の前を人影が横切ったのに、誰も足音を聞いていなかった。あの人影は何者だったのだろう。

もしかすると、我々がここに足を踏み入れたことや、私が話した怪談などが理由で、この世のものではない何かが存在を示すために姿を現したのかもしれない。共演者の女性が謎の声を聞いた理由も、そう考えると納得できた。

岳集落は、もともと凄惨な事件や不吉な噂が絶えない場所であるため、集落全体が霊の受け皿になっている可能性もある。集落に関係のない霊も、その場所に集まりさまよっているのかもしれないのだ。

また、我々が訪れた時には、廃屋の中に首の取れた人形が置かれていた。おそらく、肝試しに来た人が置いていったものだと思うが、人型の物体には念が宿りやすいといわれる。そのようなものが周辺の霊を呼び寄せていることも考えられないだろうか。

実際、共演者の一人はおじさんとは別の女性の声も聞いているし、「木の陰から誰かが見ていた」という岳集落での体験談も私は知っている。これは複数の霊が岳集落にいる証左だろう。

また、前述の怪談でおじさんの声を聞いた女性は、「『こっちに来い』と言われているように感じた」とも話していた。このように岳集落に集《つど》っている有象無象《うぞうむぞう》の霊たちは、訪れる人間を監視し、自分たちのそばに引き寄せようとしているのかもしれない。

今後、岳集落で奇怪な事件や事故が起こらないことを祈っている。

あみ●

怪談家・芸人。「稲川淳二の怪談冬フェス〜幽宴〜 怪談最恐戦『怪凰』決定戦」にて優勝し、怪談最恐位「怪凰」となる。その後も数々の怪談コンテストで優勝。怪談のしゃべりのうまさには定評があり、「第二の稲川淳二」との呼び声も高い。『レイワ怪談』シリーズ(学研プラス)など著書多数。YouTubeチャンネル「怪談ぁみ語」などで発信中。

岳集落 ❷

▼大ヒットゲームの舞台となった〝蛇人間〟の村

埼玉県秩父地方

　ゲームのシナリオライターをしているという彼と付き合い始めた。たくさんの仕事のなかで、手掛けた代表作は「S●●●N」というホラー系のゲームだという。

「あの頃はまだ若かったから、俺はソースの提供って感じだったけどね。すごく流行《はや》ったから、かかわれたこと、いまでもうれしいと思ってるんだ」

　ゲームにはまったく詳しくなくても聞いたことのある作品だ。たしか、モデルになった村があると聞いたことがある。

「ねぇ。『S●●●N』ってさ、モデルになった村があるんだよ。知ってた？」

「うん。岳集落ね。知ってるも何も俺、埼玉出身だからさ。昔から、自殺しようとする人がいたり、子供が行方不明になったりとかで、不気味な場所だったって聞いてるよ。子供は絶対行っちゃだめっていわれてたんだよ」

「嘘！　すごいね。秩父出身でしょ？　近いから行ってみようよ。あなたが育ったところ

文●桜木ピロコ

も見てみたいな」

付き合い始めの彼のことをもっと知りたかった。

ネットで調べてみると、岳集落までは車が便利ということで、ドライブ気分で出かける。秩父まではあっという間だ。わくわくする。

「触ると火傷《やけど》するっていわれているお地蔵様があったらしいよ。それが盗まれてからあのあたりで火事が起きて大変だったんだって。『S●●●N』の聖地巡礼に行った人たちも、人影を見たとか、崩れそうな建物の奥からうめき声がしたとか、いろいろ体験してるみたい。検索しちゃった。でさ、どんなお話を提供したいの？」

「うーん。じいさんから聞いた話なんだよね。うちはずっと秩父に住んでるんだけど、じいさんが子供の頃から岳集落には近づくなって言われてたんだって。住んでる人たちが、変な神様を信仰してるとか、生き物を生贄にしてたとかなんかそういう話だよ」

ネットで検索しても出てこなかった話は、いっそう興味深かった。しかし、眉間にしわを寄せ、歯切れ悪く話す彼は、まるで何かを隠しているようで、話を続けることはできなかった。

蛇のように地面に這いつくばる彼

岳集落は、最寄りの日向《ひなた》集落というところからゆっくり歩いて15分くらいで着く。近くの人たちは「浦山地区」と呼んでいるそうだ。まだ午前中で明るいし、久しぶりの山の景色は清々《すがすが》しく、空気もおいしい。道も比較的整備されていて、怖いとか危ないとかはあまり感じない。雑木林を抜けると、いよいよ岳集落の入り口だ。

「あ。これネットで見たよ。この張り紙。昭和30年くらいまでは、人が住んでたんだって」

「うん。じいさんからそう聞いてる。あんまり他の地域の人たちと交流しなかったらしいよ。岳に住んでいた人たちはどこから来たのかはっきりしないんだって。貧しい人たちで、狩猟をしたり、和紙を売ったりして暮らしてたって聞いた」

倒壊した家や蔵。朽ちたお墓もある。生活感がまだあって、たしかにホラーの世界にぴったりだ。少しぞっとしてきた。

彼は、岳集落には初めて来たというわりには、集落の中を勝手知ったように歩く。瞳を輝かせ、口元には微笑さえ浮かべ、どんどん奥へ進んでいく。

「こっちだよ。もっとこっち。奥の方に行くんだ。俺はね、久しぶりに生まれた子供だったから特別だったんだ」

「え。何を言ってるの？　ちょっと待って。こんなに奥に行ったら帰れなくなるよ。怖い。もう、戻ろうよ」

埼玉県とはいえ、山の奥深くに入れば、もう道などわからない。すっかり一人では戻れないくらいの山奥に来てしまった。

「このあたりだ。ここに穴があったんだ。そこに住んでた。上から食べ物が降ってくる」

四肢を折り、枯れ葉だらけの地面に這いつくばる彼の姿は、蛇のようだ。顔を地面にこすりつけながら、うれしそうに一点を見つめている。現実とは思えない光景に逃げることも、気絶することもできず、ただ立ち尽くしてしまった。

「もう帰ろうよ」。私は声を絞り出した。

「ここに住んでいた。よくしてくれた」

納得したようにうなずき続ける彼を促し、なんとか岳集落をあとにする頃には、夕方になっていた。

車内で、何事もなかったかのように、ペットボトルのコーヒーを飲んでいる彼に岳集落での行動を尋ねてみると、ほぼ記憶がないという。

「いや。岳に行くのは本当に今日が初めてだよ。穴に住んでたって何よそれ。怖いわー。でも、岳に入ってから、すごく懐かしい感じがして、異常に興奮してきたのは確かなんだよね。体が妙に軽くて心が逸《はや》った。でも、そんなこと言ってたなんて全然わからないよ。怖い思いさせてごめんね」

きっと、もっと付き合いが長かったら、怒ったり責めたり、ひょっとしたら置いて帰ったりしたかもしれない。でも、その時は嫌われたくなくて、それ以上何も聞くことができず、予定どおり、秩父市内の彼の実家に向かった。

蛇を信仰し、蛇の言葉を理解する

岳集落の話をしてくれたという彼のおじいさんは、思っていたよりも高齢だったが、とてもかくしゃくとしており、出前を取って歓迎してくれた。

お酒も入り、打ちとけてきたので、昼間に岳集落であったことを話してみることにした。

もちろん、ほんの酒のツマミ程度の話としてだ。

「昼間。怖かったんですよぉ。ちょっと岳に行ってみたら、彼が何かに取り憑《つ》かれたみたいに、わけのわからないことを言って、地面に這いつくばったりして。びっくりしちゃった。ウケますよねぇ」

「ほぉ。で、なんだと言っていた？」

「穴に住んでいたとか、上から食べ物が降ってきたとかかな」

「ああ。それは、蛇に憑かれたんだ。岳に住んでいた人たちは、蛇を信仰していてな。穴の中に何十もの蛇を飼って、そこに生きた動物なんかを投げ込んでいたんだ。岳の蛇は言葉を理解する。岳の人間は蛇人間だ。なんていわれていたなぁ」

おじいさんは、事もなげに言う。あの時の、地面に這いつくばった蛇のような彼の姿を思い出して背筋が寒くなった。嘘だと思えなかった。

「やめてくださいよぉ。蛇って苦手。蛇に取り憑かれたなんて笑えないですよ」

「いや。こいつも岳の蛇の話は知っている。話したからな。だから、あのゲームとかいうのに〝羽生蛇村《はにゅうだ》〟なんて名前をつけたんだ。実は、岳に近づけば、こいつに害があると思っていたから心配していたんだ」

カランというグラスの中の溶けた氷の音がすると、それが合図かのように、彼がまたおかしなことを言い始めた。

「とてもよくしてもらった。柔らかい肉がうれしかった」

酔って眠ったのか、気絶したかわからないが、そのまま意識をなくしてしまった彼を横に、おじいさんが語ってくれたのは、信じられない話だ。

「うちは岳の人間だ。俺が子供の頃は、たしかに蛇に生贄を捧げていた。最初は猪の子供やウサギなんかだったが、ある日、人間の赤子を投げ込んだんだ。見ていた人が言うには、泣き叫ぶ赤子に蛇が群がり締め上げて、地獄のようだったそうだ。それを知った何組かの家族が岳を捨てて出た。そこから廃《すた》れ始めたんだな。集落では、何年かに一度、蛇の言葉がわかるという子供が生まれることがあってな。こいつも小さい頃から、おかしなことを言う子供だったから、岳集落の話を聞かせてくれといわれてから、心配していたんだ」

蛇の言葉を理解し、取り憑かれているといわれた人たちの末路は悲惨だったらしい。一時、富と名声を手に入れても、晩年には、金銭的に不遇になる。交通事故、自殺、原因不明の死。でも、共通している彼らの最期は、体が大蛇にでも締め上げられたかのように捻《ねじ》れていることだそうだ。

これはわずか60年ほど前の埼玉県で起こっていた実話だ。

因習深い岳集落が完全に消え去ることはないと思う。くしくも大ヒットしたホラーゲームの舞台として、こんなにも有名になってしまったのだから。

とくに埼玉出身の人は気をつけたほうがいい。自分に岳集落の血が流れていないとはかぎらない。いたずらに、その血を目覚めさせないためにも、岳には近づくべきではない。

彼とはいまでも、付き合っている。その後、変わったことはない。

実は蛇の話以外にも、あの時、恐ろしい話を聞いた。今度、その話をモチーフにしたホラーゲームが発売されることになっている。

安達《あだち》ヶ原《がはら》ふるさと村——鬼婆の墓

▼「黒塚」に残る人を食らう〝鬼婆伝説〟の呪い

福島県二本松市

文●桜木ピロコ

大ヒットした漫画の影響もあって、鬼というものに興味を持った。なんといっても、「人外」というものにはロマンがある。怪談の現場や心霊スポット巡りは、レジャーのひとつだと思っているので、友人を誘って鬼伝説の残る地を訪ねる計画を立てた。

福島県の二本松市に、「安達ヶ原ふるさと村」というテーマパークがある。売店や地元の名物を出す食事処があり、子供が遊ぶ公園のようになっているが、そもそもは、人を食らう鬼婆の棲み家だったといわれている場所だ。

包丁を研ぐ鬼婆に食われそうになる、「見たなぁ」なんていうシーンは、誰もがすぐに思い出せるだろう。その有名な鬼婆伝説の舞台となっているのが、ふるさと村だ。

平安時代、京の公家屋敷に、「岩手《いわて》」という名前の乳母がいた。世話をしているお姫様は生まれながら口がきけなかった。なんとかして治してあげたいと思った岩手は易者に相談し、「胎児の生き胆《ぎも》を食べさせれば治る」と言われた。岩手は旅に出て、遠く奥州安達ヶ原にたどり着き、岩屋（洞窟）で、それらしい妊婦が来るのを待つことにした。

長い年月がたち、やっと岩屋に妊婦の旅人が現れ、胎児の生き胆を取り出すことに成功した。しかし、その妊婦は幼い頃に生き別れた岩手の実の娘、「恋衣《こいぎぬ》」であった。ショックのあまり、精神に異常をきたした岩手は、それ以降、人を襲っては食らう鬼婆になってしまった。

その後、旅の僧に退治された岩手の墓が、現在、ふるさと村にある「黒塚」という史跡だという。

空洞のように真っ黒い目に赤黒い舌

私は、この話に救いがまったくないところが気に入った。人が鬼に変化するというところもいい。だから、ふるさと村に行ってみたくなった。黒塚には、夜になると女性の泣き声が聞こえるという噂があるそうだ。

彼女のA子と大学からの友人B、その彼女のCの4人で福島県に向かった。

「子供の頃、行ったことあるのよ、黒塚。最近はどうなってるのか知らないけど、鬼婆が使った包丁とか鍋とか展示してあったよ。たしかに空気が重い気がしたんだよね」

Cは父親が福島県出身なんだそうだ。

「あのあたりって、他に見るところなんてないからさ。一度はみんな行くのよ」

鬼婆の墓とされる黒塚は、ふるさと村にほど近い、観世寺という寺の境内にある。杉の木の根元に「黒塚」と彫られた小さな石碑。深夜になると、このあたりから、女の泣き声が聞こえるという。

それまで晴れていたのに、私たちが観世寺に入ってからというもの、空の色が変わった。重く暗いグレーの雲。遊び半分で墓を覗きに来た私たちを鬼婆が恨んでいるのか。嫌な気分ではあるが、黒塚近くにある「岩屋」を見ながら言う。

「ここに住んでたっていわれてるんだよね。お父さんが言ってたけど、この岩も、鬼婆が持ち上げて家みたいにしたらしいよ」

巨岩が積み上げられて、雨よけにしたような観世寺にある岩屋は、引きずり込まれそうな嫌な雰囲気だ。そういえば、観世寺に来てからというもの、みんな口数が少なくなってしまった。

「もし、私が岩手だったら、絶対成仏なんてできないな。だって、他人のお姫様のために、自分の娘も孫も殺しちゃったってことでしょ。お姫様の薬になればって一心でやったことなのに。そのうえ、鬼婆なんて言われて、見せ物にされてる。ひどすぎるよね」

A子が悲しそうにつぶやいた。

観世寺を後にし、ふるさと村で土産物を見たり、武家屋敷やかやぶき屋根の農家などを見ていたら、けっこうな時間がたっていた。宿は、二本松市から少し山を登った所にある岳《だけ》温泉というさびれた温泉街にとっていた。なんとなくパッとしない気分のまま、宿に移動することにした。

「しかしさ、鬼婆って本当にいたのかな。漫画とかでもそうだけどさ、鬼ってやっぱり元は人間だったんだよな。それが思いつめて鬼になる。っていうか、鬼みたいに、考え込んでおかしくなった人間だったんじゃないかね」

「まぁ、精神疾患とか身体的な障がいのあった人とかでしょ」

「鬼婆って、ふるさと村あたりに追放された罪人のことを総称して言ってたらしいよ。お父さんが言ってた」

口々に鬼について話しながら酒盛りをした。その間、A子だけが微妙な顔をしていたことに気づいてはいたが、BとCがいる手前、鬼談義に夢中なふりをした。

私はかなり酔い、知らぬ間に眠ってしまったが、夜中に話し声で目が覚めた。ぼそぼそとうるさい。

「うん。そう思う。ごめんなさい。そうですよね。いまから行きます。つらいですもんね」

A子は独り言を言いながら、着替えようとしている。

「何してるの？」

「うん。呼ばれたから行かないといけない」

「呼ばれたって誰に？　ねぇ。誰としゃべってたの？」

起き上がり、A子の腕を掴もうとすると、恐ろしく冷たい。

「呼ばれてないよ。どうしたの？　誰もいないよ」

着替えをやめさせようと肩を掴んだ。その時、振り返ったA子の顔は一生忘れられない。ベールをかぶったように黒ずんだ顔。目は空洞のように真っ黒に見えた。なぜかニッと笑っている口元には歯がなく、赤黒い舌だけがある。それは間違いなく鬼婆の顔だった。

「いぃいぃ、がぁぁぁ、なぁぁぁ、ぎゃぁぁぁ」

低く唸るような声を出しながら、両手をこちらに差し出してくる。猫背の体を揺らしながら、ずりずりと向かってくるA子から目が離せずにいた。はっきりとした記憶はここまでで、そこから先のことは覚えていない。気がついたら朝になっていた。

生の肉や魚をそのまま食べる

「おはよう。よく眠れた？」

A子がにこやかに言う。

「昨夜さ、どうしたの？　どこに行こうとしてた？」

「え。何が？　ずっと寝てたよ。酔ってたんじゃないの」

そう言ってほほ笑むA子はいつもと何も変わっていない。たしかに酔っていたし、鬼の話なんてしてたから夢を見たんだな。そう考え直して、何事もなく4人で帰路についた。

そんな話も忘れかけていた頃、自宅に泊まりに来ていたA子が思いつめた顔で相談があると言ってきた。

「あのね。ふるさと村に行った時からなんだけどね。時々、夜、外にいる時があるの。パジャマのまま裸足でブランコに乗ってた時もある。それに、眠れない夜に変な声が聞こえるのよ。『早く来い』『一緒に』って」

言葉につまった。

ということは、あの岳温泉での夜中の奇行は現実だったってことか。

「医者には?」

「行った。ストレスで夢遊病になったり、幻聴が聞こえたりすることは珍しくないからって、安定剤を出されたのよ」

「そうか。しばらく様子見ようか。不安だったら、ここにずっと泊まってればいいよ」

「うん」

なぜかA子の爪は伸びてがたがただった。美容院にもずっと行っていないのか、髪もこれまで見たこともないくらいばさばさになっている。

私の家にいても、たまに夜中にいなくなることもあり、それほど好きではなかった骨つきの肉をよく食べるようになった。奇行のことはA子には伝えずにいる。教えてしまったら、A子がふるさと村に行ってしまうような気がして怖いのだ。

A子の奇行はいまでも続いている。目は落ちくぼみ、頬はこけ、かさかさに乾燥した肌は老婆のそれだ。仕事にも行かなくなったし、風呂にも入らない。食材で買っておいた生の肉や魚をそのまま食べてしまう。

A子はめったに話さなくなったが、たまに口を開くと、口から大便のような臭いがする。にやにやしながら、たまに「はやぐいご」と言うこともある。

ふるさと村に行って以来だから、霊的な何かなのだろう。でも、漫画や小説のように、知り合いに霊能者などいないし、いたところで、払うお金もない。

今日も、A子と一緒に夜を過ごすことだけしか、私にはできない。

三つ目村

▼「人間」が〝見せ物〟にされる恐怖の集落

長野県東筑摩郡

文●佐藤勇馬

「一つ目小僧」という妖怪を知っているだろうか。目がひとつしかないという点を除けば、その姿はどちらかというと愛らしい。これといって人間に危害を加えるわけではなく「ただ人を驚かすだけ」であることから、恐怖の対象というよりはユーモラスなイメージが強く、古くから民衆に親しまれてきた妖怪だ。

江戸時代の怪談や民話にも数多く登場しているが、その大元のモデルは「単眼症」の子供だったのではないかといわれている。一説には、単眼症はギリシャ神話の一つ目の巨人・サイクロプスのモチーフになったとされるが、日本では一つ目小僧になったというわけだ。

１９３２（昭和７）年には、神奈川県座間市で単眼症と思われる眼窩《がんか》が一つしかない頭蓋骨が発掘され、その供養として「一つ目小僧地蔵」が建立された。一つ目小僧はまったくの空想上の存在ではなく、現実の先天的な奇形から生まれた妖怪だと推測されているのだ。

一つ目小僧ほどの認知度ではないが、同じように現実の奇形から派生していったと思われる伝承がある。それは各地に言い伝えがありながら、文献の少なさから専門家でも実態を把握し切れていない「三つ目小僧」だ。

海外では、ヒンドゥー教の最高神の一柱である破壊と創造の神・シヴァに「第三の目」が描かれるなど、三つ目にまつわる伝承は珍しくない。「チャクラ」のひとつとして、真実を見抜く目と解説されることが多く、宗教的な敬畏の対象となっている。

日本における「三つ目小僧」は、一つ目小僧と同じく子供の姿をしており、大きな違いといえば「目が三つ」というだけ。「タヌキが三つ目小僧に化けていたずらをした」「寺で人を驚かせた」といったいくつかの伝承はあるものの、具体的にどんな妖怪でどのように誕生し、何をしたのかというのはいまひとつよくわかっていない。

しかし、私は三つ目小僧が何をモチーフにして生まれたのかを知っている。駆け出しのフリーライターだった二十数年前、私は偶然に「三つ目村」を訪れたのだ。

当時から、私は民間伝承や都市伝説に強い興味を持っていた。若気の至りとも言えるが、柳田国男を気取り、全国各地でフィールドワークをしていたことがある。

そんな時、長野県の東筑摩郡に「三つ目村」の伝承があるという情報を聞きつけた。

「あまり知られてない民間伝承なんだが、人里離れた山奥の村で三つ目の人々が集まってひっそりと暮らしていたって話がある。しかも、その村はまだ現存しているって噂もあるんだ。長野は興味深い伝承がたくさんあるし、調査したら面白いんじゃないか」

オカルトマニアの親友がそう教えてくれたのだ。駆け出しだった私にとって、まだ手あかのついていない「知られざる民間伝承」はとてつもない価値があるものだった。

私は意を決し、ある夏の週末に長野へ旅立った。しかし、結果として「三つ目村」の話はどこにも書くことができなかった。

なぜかといえば、誰にも信じてもらえない、奇妙で、恐ろしい体験になってしまったからだ。

「いまもある」三つ目村

レンタカーで東筑摩郡へ向かった私は地域の村や町を巡り、まずは現地の民俗資料館や郷土博物館などで聞き込みをした。学芸員に話を聞くのは、私のフィールドワークの定番だった。餅は餅屋とはよく言ったもので、詳しくは知らなくとも「聞いたことはある」「どこどこの伝承だったはず」「たしかあの地域で……」といった情報を引き出せることが多く、調査のとっかかりにするには最適なのだ。

「三つ目集落の話をご存じとは驚きました。地元の人間でも、年寄り以外はほとんど知らないんですよ。それもわざわざ東京から調べにいらしたとは……」

ある村の資料館で手応えがあった。眼鏡をかけた白髪の男性職員がそう答えたのだ。

「三つ目集落……！　この近くにあったんですか⁉」

私が興奮気味に尋ねると、男性職員は少し戸惑いながらこう話した。

「あった……というか。どうお答えしたらいいのかわかりませんが、私たちは『いまもある』と聞いています。三つ目村の住人と交流のある人がいますよ」

予想外の言葉だった。次の瞬間にこう叫んでいた。

「その人を紹介してください！　三つ目集落に行ってみたいんです！」

職員に紹介してもらった相手は村内に住む老人だった。三つ目集落の住人と交流があるという話だったが、ここで風向きが少し怪しくなってきた。

「交流があるっていっても、ずいぶん昔の話だからなあ……。あいつらはほとんどこの村の人間とはかかわり持たねえし、出歩く時は目を隠すから会ってもわからねえよ」

目を隠す……。どうにも引っかかる言葉だったが、幸いなことに老人は「三つ目集落」の場所を知っていた。そこは自然に囲まれたこの村のさらに奥の奥、普通なら人間が立ち寄らないような山奥だった。車が通れるような道は山中で途絶え、私は老人から聞いていたいくつかの目印を頼りに獣道のようなところを進み続けた。

見世物にされる「二つ目男」

どれほど歩いただろう。日暮れ前にたどり着かないと遭難ということにもなりかねない。もしかしたら老人の妄想かもしれない。だとしたら、こんな獣道を歩いているのは馬鹿らしい。そんな考えが頭によぎった時、少し開けた場所に小さな集落が現れた。茅葺き屋根の家が数軒並び、周囲には小川や畑、家畜小屋……まるで失われた日本の原風景のようだ。

「どなたかいませんかー？」

大声で叫んだ。すると、家の陰から男がギョッとした表情で顔を出したが、すぐに引っ込んだ。不思議に思っていると、タオルを頭に巻いた男が再び現れた。農作業で鍛えられているからか、浅黒い肌に筋骨隆々の体格だ。

「こりゃあ、大変なお客さんだな。子供たちが喜ぶ。どちらから来ました？」

かなりフレンドリーな態度だったので安心した。私は都会から来たこと、村の老人から聞いて「三つ目集落」だといわれるここまで歩いてきたことを伝えた。

しばらくすると、小学生くらいと思われる数人の子供たちが顔を出した。よそ者が珍しいのか、子供たちは私の顔をじっと見ている。大人も何人かいるが、誰もが頭にタオルを巻いたり、帽子を深くかぶったりと、気になる部分を隠しているようだ。これは世紀の大発見かもしれない。

「まあ、とにかくゆっくりしていってくださいよ。お茶でもどうですか？」

厚意に甘えてお茶でも飲みながら「三つ目」の話を聞こうと思った。その時、家畜小屋の中がチラリと見えた。たしかに見えた。

猿ぐつわをはめられ、檻《おり》に入れられている男だった。すぐ近くで小さな男の子たちが檻の中をじっと見ているが、男の子たちの両目の上にはもうひとつの目があった。その瞬間、私はすべてを察した。娯楽のない「三つ目」の集落で檻に入れられた男は「二つ目男」として見せ物にされているのだ。「子供たちが喜ぶ」という言葉の意味がすっと理解できた。

次の瞬間、夢中で駆け出していた。後ろから「見せ物を逃がすな！」というさっきの男の声が聞こえたが、振り返らずに息を切らして転げ回りながら山を下りた。

後日、東京に戻った私は檻に入れられた男のことが気になった。警察に届けるべきなのか……。しかし、信じてもらえるわけがない。2週間後、再びあの村にやってきた私は集落の場所を特定しようとした。だが、老人から聞いた目印は消え、たどり着くすべはなくなっていた。

もう誰にも信じてもらえるはずがない。私にとって、あの恐ろしい出来事は怪談まがいの作り話として語ることしかできないのだ。

睨《にら》む村

▼部外者を〝憎しみの眼差し〟で凝視する異様な村人たち

京都府南部某所

文●田中俊行

これは中島さん（仮名）という方がある集落で体験した話。

10年ほど前の秋、中島さんは登山好きの友人に誘われ、京都南部のとある小高い山に行くことになった。京都といっても、そこは奈良県との県境付近の山深い場所。友人いわく、とても見晴らしのいい場所があり、いまの時期は紅葉が見頃なのだという。

「登山好きの友人がそれほどまで推《お》すとなると、さぞ素晴らしい場所なんだろうな」

この先、体験する出来事など知る由《よし》もなく、中島さんは二つ返事で現地に向かったのだった。

京都市内から電車で30分、バスに乗り換えて1時間ほどして登山口の最寄りのバス停に到着。まさに、陸の孤島というような山間《やまあい》のバス停だ。そこからさらに1時間半ほど歩くと、知る人ぞ知る見晴らしのいい開けた場所に着いた。

「どう？　登山客もいないし、秘密の場所って感じでしょう？」

得意げに言う友人の言葉どおり、そこは2人の他に登山者もおらず、色とりどりの木々の絶景を堪能できたという。景色を眺めたり、近況を報告し合ったりして1時間半ほどその場所で過ごしたのち、「日が落ちる前に帰ろうか」と2人は山を下りた。

よそ者を無視する村人たち

明るいうちに下山し、バス停に到着したが、タイミング悪くバスの時刻はまだまだ先だった。

「時間までどうする?」

友人に聞かれた中島さんは、暇潰しになるようなものがないかと、あたりを見渡した。するると、来る時には気づかなかったが、バス停の近くに小さな集落を見つけた。バス停の下には田んぼが広がり、その向こうに集落があったのだ。バスから降りて、見下ろすこともなかったので、気づかなかったらしい。

よく見ると、農作業をしている人がいたり、家に灯がついていたりと人が住んでいるような気配もあり、どうやら廃村というわけでもなかった。

「時間もあるし、せっかくだからあそこの集落付近を散歩しよう」という中島さんの提案に友人も賛同し、2人は集落を歩き始めた。

のどかで緑豊かな道を散歩していると、農作業中と思《おぼ》しき住人とすれ違う。山間の集落で過疎化も進んでいるのだろう。すれ違う人は60代以上と見られる老人が多い。

2人は何も言わずに歩いているのも気まずかったので挨拶をした。

「こんにちは」

「……」

しかし、誰一人返事をしてくれない。それどころか目も合わせてくれず、2人を忌避しているような雰囲気さえ漂っている。

「全員が無視するのは気持ち悪いなあ。でも、田舎の人だからシャイなだけなのかも」

そうやって中島さんと友人が自分たちを納得させていると、バスの発車時刻になった。

バスに乗り込むと、中島さんは下山してから1枚も写真を撮っていないことに気づいた。

「そういえば、散策してはいたけど全然写真撮ってないから、いま撮ろうよ」

中島さんが友人に話しかけると、友人も「そういえば、そうだね」と言い、バスの車内で5枚ほど自撮りしたという。

周辺の景色や集落の様子を背景に撮影し、村人への違和感なども忘れ、和気あいあいとした雰囲気で帰路についた。

物陰という物陰から睨みつける

いい景色も見られたし、心身ともにリフレッシュになったと満足げな中島さんは、帰宅してからすぐに、その日撮影した写真をパソコンの大画面で見返していた。行きのバスの自撮りや山道の写真。笑顔の2人と豊かな緑が並び、さっきまでの楽しかった思い出がよみがえる。山頂の景色もうまく撮れており、額縁に飾れるほど美しいものだった。

そして、パソコンの画面は帰りのバス車内の写真に移る。

自撮り写真の背景にはバスの車窓越しに、集落の風景も写っていた。

「どんな家があったかな」と思いながら、背景の集落を拡大する。

「え……？　何これ」

中島さんは驚愕した。

そこにはあれだけ冷たかった住人たちが、家の窓から中島さんたちを凝視している姿が写っていたのだ。それも一人ではない。少なくとも5軒以上の家の窓から住人が見ていた。

それだけではない。電柱の陰、自動販売機の裏側、小屋の裏……、物陰という物陰から住人と思しき人たちが2人のことを見ていた。それも、眺めるというわけではなく、憎しみを込めて睨むように見ている。

「人けが少ないと思っていたけど、こんなにいたの？　なぜ、私たちを見ているの？　冷たかった態度の意味は？　なんで睨んでるの？」

中島さんのなかには様々な疑問と恐怖が湧いていた。

気味が悪くなった中島さんは、その写真をすぐに消去した。友人には「スマホの調子が悪くて写っていなかった」と伝え、住民が写る写真は見せなかったという。

それから、中島さんはその場所に行っていない。「いま思い出しても気持ちが悪い」と語るほどだ。

いまも睨みつけていた住人たちの目的はわからない。
その集落は過疎地域といえども、これはまだ10年前の話。部外者を受けつけない集落は、いまも残っているのかもしれない。

田中俊行●たなか・としゆき

イラストレーター・怪談収集家。幼少の頃より奇怪なものや怪談の収集を開始。現在は呪物のコレクションに囲まれて生活している。竹書房が主催する怪談コンテスト「怪談最恐戦2021」で優勝し、4代目・怪談最恐位となる。元火葬場職員の下駄華緒とのYouTubeチャンネル「不思議大百科」も大好評。

村人同士で呪い合っている集落

◆都市ボーイズ・早瀬康広

村人同士で呪い合っている集落があります。その村には100年ほど前に台湾からお坊さんがやってきました。お坊さんは呪術が使えたので、いつしか村人は「あいつを呪ってくれ」と頼むようになり、いまでは村人のほとんどが互いに呪いをかけ合っている状態です。

現在は初代お坊さんの孫が担当しているようで、彼は自呪神《じじゅしん》という方法で呪っていると話していました。その呪いは肉食虫をボウルに入れて右手で何日も握りつぶし、虫たちの怨念による痺れが手から目に上がってきたら完成なのだそうです。その目に溜まった呪いを利用するらしいのです。

ただ、この方法は誰でもできるものではありません。過去には自呪神を習いたいという人もいたそうですが、ある弟子は修行中に錯乱状態に陥りました。その弟子は指の骨が折れるまで他の弟子を殴り続け、その後、焼身自殺しました。

この呪いは人を殺せるほど強いものではなく、水を腐らせたり、目を悪くさせたりする程度。それを村人にかけているということです。お坊さんのもとにはいまでも村人からの依頼がひっきりなしにきているといいます。お坊さんによると、僕を紹介してくれた方に向けて、村人から「部外者にバラしたから呪ってくれ」という依頼が入ったそうです。うかつに近寄ると呪われるかもしれないので、注意してください。

山本村

香川県三豊市

▼〝憑き物筋〟の家系を殺し続ける女の怨念

「部屋に変な動物が出るんだ。見てくれないか」

父親がおかしなことを言ってきた。詳しく話を聞いてみると、とても奇妙なことを言う。

「1週間くらい前、公園を散歩していたんだ。暗くなりかけていたから夕方過ぎだと思う。向こうから4歳くらいの男の子を連れた女性が歩いてきてな。『相談があるんです。聞いてくれませんか？』って言うんだよ。でも、おかしいだろ。だから『いや。もう帰らなくてはならないので。申し訳ない』って言って断ったんだ」

動物が部屋に現れるようになったのはその日の夜からだそうだ。

「夜中に気配がして目が覚めたんだ。そうしたら、部屋の中に猫だか犬だかわからない動物が10匹くらいいるんだよ。最初は夢かと思ったけど、それが毎晩続くんだ。まったく眠れなくなってしまった。あの親子と会ってからなんだよ。だから、その動物を追い払ってくれないか」

文●桜木ピロコ

仕方なしに私は、一晩一緒に父親と寝ることにした。

「ああ。今夜もきっと現れる。お前を起こすから、必ず起きてくれな」

父親に起こされた時、私はぐっすりと寝入っていたので、明け方近かったのだろう。

「やめろ！　やめてくれ!!　来ないでくれ！」

大声で叫びながら何かを押しのけようと必死になっている父親がいた。目を剝き、大粒の汗を流しながら、一人慌てる父は滑稽にさえ見えた。

「助けて！　助けてくれ!!」

「何もいない！　何もいないよ！　大丈夫だ」

そう言って私は暴れる父親を抑え込むと、やっとおとなしくなった。眠ってしまったのか、気絶してしまったのか、微動だにしない。やっと動き出したのは朝の10時を過ぎたあたりだった。

「お前も見ただろう。あれは、なんなんだ？」

青ざめやつれた顔の父親を見ると、怒る気にも笑う気にもなれず黙っていた。

「実は、病院には行ったんだ。惚《ぼ》けてはいない。まぁ、お前には見えないとは思っていたよ。きっとあの親子は呪いを伝えに来たんだ。根絶やしになるまで、追いかけてくると思っていた。だから逃げてここまで来たのに。逃げ切れると思っていたのに。やっぱりだめなのか」

舌を噛みちぎられた首吊り自殺の死体

かつて、香川県に山本村という小さな村があった。そこで代々、稲荷神社の管理を任されていたのが、豪農であったうちの家系だ。父親が子供の頃には、その稲荷神社はすでに廃《すた》れていて、管理をするほどでもないという判断から、世話をすることをやめたのだそうだ。

神社には、香川の方言で「いもんた」と呼ばれる集会所があり、村の決まり事を決める際に、なくてはならない重要な場所だった。そこの責任者もうちの家系だった。

「就職で関東に出てきたなんて嘘なんだ」

思いつめた顔の父親から聞いた話はドラマのようで、すぐにのみ込むことができなかった。

「うちは、〝憑き物筋〟なんだ。お狐様が憑いていて、それを利用して山本村一の豪農の座についた。憑き物筋に逆らったら呪われるといって、村のみんなは言いなりだったそうだ。それをいいことに、先祖は人の土地を奪ったり、田んぼを独り占めしたり、好き放題していたと聞いている。なかでも稲荷神社が廃れる原因になったのが、隣村の嫁を欲しがったことだ」

父親の先々代の当主はとても強欲で乱暴者だったという。村の女性を手籠《てご》めにしたり、小作人の父親の娘を監禁したり好き放題していた。ある日、隣村の美しい人妻に恋をする。いつものように手籠めにしようと人妻をさらったのだが、なんとその人妻は「意に沿わない男に穢《けが》されるくらいなら死ぬ。呪ってやる。お前とお前の一族をこの命と引き換えに根絶やしにしてやる。憑き物筋の男よ、忘れるな。これからはこの命がお前たちの家に取り憑き、呪い殺す。どこに逃げても必ず殺してやる」、そう言い放ち舌を噛みちぎって死んだのだそうだ。

以降、うちの家系は凋落し、人心は離れ、経済的にも破綻。あげく先々代の当主は自殺した。家の梁《はり》に首を吊って死んでいたのに、当主の舌は噛みちぎられていたという。

「稲荷神社も、いもんたも管理する余裕がなくなったんだ。じいさんもおかしくなって早くに自殺したし、このまま呪いを受け継ぐのは嫌だと思って関東に出てきたんだよ。逃げ切れたと思ったのに」

香川に行かなくては解決しない。そう思ったのは、庭に動物の骨を見つけたからだ。市役所で長く働いていた父親は嘘をつくようなタイプではない。呪いのせいだろうが、生きている人間が何かしたのだろうが、まずはかつての山本村に行かなくてはわからない。おびえる父親を安心させる意味でも、私一人ででも行く必要がある。

「あの女は呪いそのものよ」

香川までは新宿から出ている安価な夜行バスを利用することにした。夜に東京を出ると早朝に高松駅に着く。そこから、かつての山本村である三豊市山本町まではレンタカーを利用した。1時間ほどで現地に到着した。

父親から聞いていた本家を訪ね、事情を説明すると、叔母だと名乗る老女はがっくりとうなだれ、諦めたように話し始めた。

「ああ。きっと兄さんもだめだろう。ここまで生かしておいた理由はわからないけれど、きっと呪いは終わっていない。兄さんが会った親子というのは、これまでおかしくなった親戚が言っている親子のことだと思う。若くてきれいな女と4歳くらいの男の子だ。それがいま、うちの家系に憑いている女よ。時代も場所も関係なく現れるんだ。これまで死んだ親戚たちは『女が来たら気をつけろ』と言い残している。助かった者はいない。あの女は呪いそのものよ」

「呪いを解く方法はないのでしょうか？」

「聞いたことはないけれど、うちが管理していた稲荷神社のお狐様にすがるのはどうだろうか。長いこと放っておいているけれど、もう一度きちんとしたら、なんとかしてくれるかもしれない」

保障はないが、私は父親を助けるために、その知行寺山稲荷大権現に行ってみることにした。いまは集会所の「いもんた」という名称が一人歩きして、心霊スポットにされているようだが、そもそもは、うちの一族が管理していた稲荷神社である。

竹林の山道を30分ほど進むと朽ちた鳥居があり、奥には社があった。念のため、本家から叔母の息子だという男性に同行してもらった。

近くの石碑に刻まれた神社縁起を読むと、平成4年まではうちの家系が管理をしていたようだ。

呪いを解く手がかりになればと、社の奥に散乱していた布やノート、お守り、食器と、目につくものを片端から持ち帰った。本家でじっくり吟味するためだ。

本家の入り口に差しかかると、中から悲鳴とも怒号とも取れる大声を出しながら、叔母が転がり出てきた。

「ぎぃぃぃぃ何を持ち帰ってきた⁉　とんでもない憎悪が入ってこようとしている！　来るな！　入ってくるな！　帰れ！　二度と来るな‼」

そう言い放つと、「ぐぼぉ」という巨大なげっぷのような音を一度立て、そのまま倒れてしまった。

仕方なしにレンタカーの中で、持ち帰ったものをくまなく調べたが、先々代の話も、隣村の嫁の話も、憑き物筋の家系の話も、何かつながるようなものはいっさいない。呪いの解き方はもちろん、味方だったはずのお狐様にすがる方法さえもわからない。おまけに、本家からは追い出されてしまった。まさに八方塞がりとはこういったことを言うのだろう。

私が山本町に着いてから2日がたっていた。その日の夜は、農道にレンタカーを停め、車中で眠ることにした。どうしたら呪いは解けるか。そもそも本当に呪いなのか。考えながら眠っていると、ウィンドーをノックする音で目が覚めた。

「あの、すみません。相談があるんですが、聞いてくれませんか？」

若く美しい女性が4歳くらいの男の子の手を引いて、ウィンドーを叩いている。心臓が縮み上がり、呼吸ができない。手も足も震えすぎて感覚がない。

そこからレンタカーを発進させるのは早かった。一瞬で体勢を立て直し、エンジンを入れ、山本町を後にする。その間、左側からウィンドーを叩く音が聞こえ続けたが、意地でもそちらを見ないようにして、まっすぐに高松駅まで車で走った。

ついにあの親子が来てしまった。でも、まだ父親が生きているのに、なぜ？

自宅に着くと、父親は自殺していた。首吊りだった。だらりと垂れた舌はもちろん噛みちぎられている。

ああ。自分の番だからあの親子は現れたのか。

代々、利用してきたお狐様をないがしろにしたからか、神社の管理をしなかったからか。

取り急ぎ、そのあたりから手をつけようと思い、私は山本町に転居することにした。「いもんた」も集会所として復活させるつもりだ。

赦《ゆる》してもらいたい。そう祈るだけだ。

樹海村

▼警告を無視した者を狂わせる樹海の〝錫杖《しゃくじょう》〟

山梨県富士河口湖町・鳴沢村

都市伝説系YouTuberの私が得意とするのは、〝出る〟という噂のある廃病院や廃寺、廃集落などの動画ルポで、かつてはそれなりの再生数を誇っていた。だが最近、大手YouTuberグループがこの種のジャンルに進出するようになってからは再生数の伸びが鈍り、焦りを感じた私は樹海ルポを思いつくに至る。

自殺の名所とされる青木ヶ原樹海には知られざる秘密の集落がある——そんな都市伝説を知っているだろうか？　その名も通称「樹海村」。樹海で自殺をしそこなった人や、死をも覚悟して樹海に逃げ込んだ社会不適合者らが集落をつくってひっそり住んでいるという都市伝説だ。

樹海村の噂は２００６年くらいから見られるようになり、２０１０年代にはネットの掲示板で、樹海の中の集落のグーグルマップ航空写真が「樹海村」として話題にあがった。だが、実のところその正体は「精進民宿村」と呼ばれる民宿を含む住宅地であり、一応、

文●金崎将敬

樹海の領域に食い込んではいるものの、すぐそばには国道も走っている。

その他、都市伝説としての樹海村のモデルと思われるものに「乾徳道場」もあげられる。樹海には観光客などが立ち入れる遊歩道があり、場所の説明は避けるが、独自の信仰を持った夫婦が住む民家・乾徳道場がある。樹海に住むというと世捨て人のようだが、過去の突撃ルポのレポートなどを見るかぎり、彼らは車で外界へ出かけ、外から来る人ともかかわっていたようだ。ただ、そこの主《あるじ》である男性は当初、自殺しようとして樹海をさまよい、その場所にたどり着いたという。

そうしたバックストーリーから、村と言える規模ではないものの、この乾徳道場もまた都市伝説としての樹海村のモデルになったとみている。ただ、夫婦は高齢であり、現在はすでにそこに住んではいないようだ。

そのあたりの下調べをしたうえで、私は「最恐の村⁉ 樹海村に泊まってきた！」「樹海にある謎の民家に突撃！ そこで目にした光景は……」という2つの企画を考えた。まず精進民宿村に泊まり、次の日に乾徳道場に向かい、さらに遊歩道から外れた場所にも入るというスケジュールだ。まあ、特別なことは何も起こらないだろうが、そこは動画編集の力で面白くする自信はある。

遊歩道から外れるのは遭難の危険性もあるが、私は山中でのサバイバル術として迷わない方法を身につけている。なお、もしも自殺遺体を見つけてしまったら通報するつもりだ。どこまで公開するかは別として、警察とのやり取りまで含めすべて収録しておけば、最高の動画素材となるだろう。

「人ではないから……絶対に」という忠告

まず、初日に泊まった精進民宿村の宿では、そこの主人に酒をおごる形で話を聞いた。もちろん隠し撮りをしながらである。

「以前、このあたりがネットで『樹海村だ』って話題になったんですよね」

「ああ、聞いたことあるねえ。でも、すぐそこは国道だし、精進湖《しょうじこ》もすぐそこだしねぇ」

「とはいえ、この区画だけ不自然に樹海のほうへ入り込んでますよね？」

「昔ね、西湖《さいこ》のほうで山津波（土石流）があって、それをきっかけに、このあたりを急ごしらえで区画整理したうえで、尾根のほうにあった家がまとめて移ってきたわけ。そういう経緯でできた集落だから、まあ不自然といえばそう見えるのかなあ」

すべて下調べ済みの話だが、宿の主人の生の声であることに意味がある。あとはこれに、「だが、宿の主人には何か話せないことがあるようだった」みたいなテロップを入れれば、それなりのコンテンツに仕上がるわけだ。

主人に翌日は乾徳道場を訪れることも告げたところ、樹海はクマが出るからとクマよけの鈴をくれた。そして、「絶対に遊歩道から脇にそれないこと。もし、脇のほうに人の気配があってもそれはきっとクマだから近づいちゃだめ。人ではないから……絶対に」と忠告してくれた。

この時はただの親切だと感じたが、いまになって思うと主人は何か知っていたのかもしれない。

　翌日宿を出た私は乾徳道場へ向かう。事前に下調べはしていたものの、遊歩道に入ってからかなり歩いても乾徳道場が現れないので不安が募《つの》ってくる。怖いのではない。無駄足にならないかと不安なのだ。だが、戻ろうかと思ったタイミングで乾徳道場の建物は現れた。

　人は住んでいないようだが、もしかすると新たな住人がいるかもしれない。現況がよくわからないので、とにかく建物やその周辺で押さえられそうな映像をしっかり撮り、人が現れたときのために隠し撮りの体勢を整えてからしばし休憩する。

　そして、どうやら人がやってくる気配もなさそうなので、ここを起点として遊歩道から外れてみることにした。宿の主人の忠告を無視するのは若干気が引けたが、せっかくここまで来たのだから行ってみるしかない。

　遊歩道を外れて樹海の奥へ進んだ私は、クマよけの鈴を鳴らしながら転ばないよう慎重に足を進めていく。すると15分ほど歩いたところで遠くの木に何かがぶら下がっているのに気づいた。

　——首吊り自殺の遺体だ。

　血の気が引くと同時に心臓の鼓動は早鐘《はやがね》のように打ち、目はギラつき、口元はたぶん笑っていた。おそらく脳内ではドーパミンが大量分泌されていただろう。「都市伝説系

YouTuberとして最高の映像を押さえられる！」と。

「これ以上、入ってくるな、吊るすぞ」という警告

遊歩道を外れた理由を警察にどう言い訳するか考えつつ、興奮した足取りで遺体を吊るす木に近づいたが、すぐに落胆した。ぶら下がっていたのは遺体ではなく、大ぶりの木の枝を荒縄で吊るしただけのものだったからだ。

だが、誰がいったいこんな細工をしたのか？　その疑問が脳裏をよぎった時、私の血の気は再び引いた。これは〝誰か〞がやったのだ。「これ以上、入ってくるな、吊るすぞ」という警告だろう。宿の主人の「人ではないから……絶対に」という言葉が思い出された。

足の震えに動揺を自覚していると、どこかで鈴の音がした。クマよけの鈴？　私のように樹海の奥のほうへ入ってきた人間がいる？

いや、これは鈴じゃない。どこかで聞いたことのある音――そうだ、これは修行僧が持つ錫杖を「しゃん」と鳴らす音に似ている。耳をすますと音はひとつではない。私を〝取り囲む〞ように数カ所から「しゃんしゃん」と音が聞こえてくる。しかも音の間隔は次第に短くなり、また明らかに近づいてくる。

「しゃんしゃんしゃんしゃんしゃん……」

これは絶対にヤバい。

そう確信した瞬間、私は一目散に自分がやってきたほうへ走り出した。慌てていたので樹海で迷わなかったのが不思議なくらいだが、なんとか遊歩道まで戻った私はその後も国道に出るところまで力のかぎり走り続けた。

その日のうちに自宅に戻った私は、落ち着いてから改めて映像を確認してみたが、宿の主人との会話や乾徳道場の映像も含めてすべてのデータがなぜか消えていた。

錫杖の音の正体については、乾徳道場の住人のように独自の信仰を持った人々が樹海の奥に住み着いたものと推測してみた。錫杖の音からすると修験道から枝分かれした分派が先鋭化したものかもしれない。

だが、そこまで考えると激しい頭痛と錫杖の幻聴がしてそれ以上考えられなくなってしまう。現に、この話をこのようにまとめて文章にしている最中も錫杖の音が鳴りやまない。そして、実は記憶がところどころ虫食いのように抜け落ちてしまっている。昨日今日のことなのに記憶があいまいな点もあり、忘れないために急いでこれを書いているところだ。

抜け落ちた記憶を思い出そうとすると意識が飛び、気づくと宙をぼんやり眺めたままよだれを垂らして呆然としている自分に気づく。このままだと狂ってしまいそうで怖い。あるいは私はもう完全に狂ってしまっているのかもしれない。

いまこうして書いているこの文章もどこまで真実かわからなくなってきている。あまりこの文章を信用しないほうがいい。ああそれにしても錫杖の音がうるさい。しゃくじょうのおとがうるさい、しゃくじょうのおとが……。

樹海で行われる〝自殺に見せかけた〟殺人

◆都市ボーイズ・岸本 誠

自殺希望者に対して、苦しまない自殺法などを教えるサイトや掲示板、SNSアカウントは以前から存在しています。「樹海ではこの自殺方法がおすすめ」などとアドバイスしてくれるわけです。そのなかで15年以上前に自殺希望者と殺人希望者をマッチングさせる行為が流行りました。つまり、「死にたい人」を「殺したい人」が自殺に見せかけて殺す、いわば「自殺者狩り」。自殺に見せかければ、入念な捜査も行われなかったようです。とくに樹海などの森の中は発見が遅くなり、その分、死体の腐敗が進むのでよけいバレにくい。樹海は霊だけではなく、人間の恐ろしさも引き寄せる場所なのです。

川崎村

▼「家畜たちの供養」のために剝がされる人間の皮

岐阜県某所

文●大山 紀

いまから5年前のことだ。岐阜県に単身赴任していた私は地元業者同士のトラブル処理の仕事を任され、裁判所に通いつめる日々を送っていた。岐阜地方裁判所ではメディアで注目を浴びるような裁判は少なく、扱う事件は労働争議ばかり。いつ出向いてものどかな空気が漂っていた。

ある日、私は何かに吸い寄せられるかのように、ある刑事事件の初公判に立ち寄った。被告人は住所不定・無職の老婆。深いしわが刻まれた赤茶の皮膚は、長年の路上生活を想像させた。動物愛護法違反という罪名の裁判だったが、なんのことはない。岐阜県内の農村で犬、猫、豚などが刃物で襲われる事件が相次ぎ、地元住民の通報により警察が捜査を進めたところ、老婆の犯行が浮上。後日、老婆が犬を執拗に羽交い締めにしている現場を警察官が目撃し、その場で暴れたため逮捕に至ったのだった。

だが、公判で明らかになったのは不可思議な経緯だった。老婆は逮捕後、身上調査にはいっさい応じず、自身の出身地はおろか、経歴は不詳。それどころか、氏名すら黙秘し、前科前歴もなかったため、「被疑者不詳」のまま起訴されていたのだ。老婆が被告人質問で発した言葉は、「生かすために殺しているんだ」という摩訶不思議な一言だった。

その日、傍聴人は私一人だった。老婆は退廷する際、祈るような仕草を見せ、猜疑心をにじませた目つきで傍聴席を見渡した。その横顔を見て、ハッとした。老婆の耳の裏から鎖骨にかけ、螺旋状の入れ墨のような痕がある。左右の耳から伸びたそれは、土色の肌に長年刻まれたもののようだった。

初公判を経て、彼女にどのような判決が下ったか、知る由もない。それから私は老婆のことなどすっかり忘れ、仕事に没頭する日々を送った。そう、あの話を聞くまでは——。

人呼んで「皮裂村」

単身赴任の寂しさを紛らわすため、繁華街の外れにあるスナックに通いつめて1年がたった頃のことだ。常連客のカメラマン・丈さん（仮名）が嬉々として言った。

「岐阜に住んでいる者なら知っていると思うけど、川崎村って聞いたことある？」

丈さんが語ったのは、地元にまつわるこんな伝説だった。

岐阜県中心部から車で1時間ほどの場所にある「川崎村」。その村が廃村になったのは、大正後期から昭和初期。村に行くには途中から徒歩で獣道を歩み、目的地を目指さねばならない。「慰霊碑」と書かれた石碑がある場所から入って歩を進めると、そこには十数軒の廃屋が並ぶ集落の跡がある。さらに進むと、光が灯る一軒の小屋が目の前に見えてくる。中を覗くと、十畳ほどの部屋にはろうそくと盛り塩、さらに犬、豚、牛などの頭部が見え、部屋の中央には長い白髪の老婆が鎮座し、祭壇に向かって何やらつぶやいている。呪文を唱え終わった老婆はおもむろに麻袋を取り出す。その中には剝いだばかりの人間の皮が入っており、裏側には肉が付着している。目撃者が悲鳴をあげると、その浅黒い肌の老婆はキッと向き直り、四つん這いになりながら獣のように追いかけてくる。

人呼んで「皮裂村」。

江戸中期から明治初期にかけ、革製品で栄えたこの村では、家畜の魂を鎮めるため、生贄として人間の皮が必要とされていたという。そして、村の近くでは毎年1〜2体の白骨化した遺体が見つかる——そんな話だった。

丈さんはニコンのカメラを取り出し、数枚の写真のスライドを見せてくる。

「実際行ってみたんだよ」

それは文字どおり、時を忘れた廃墟の姿だった。だが、5枚目の写真を見た瞬間、私は息を吞んだ。

「丈さん、ちょっと待って。この写真、大きくできる?」

「あぁ、これな。そうそう、不思議なんだよな。その場で撮っていた時は気づかなかったんだけどさぁ」

荒れ放題の草木に囲まれた小屋は壁が剝がれ落ち、陽光がガラスの破片を照らしている。

その小屋を横切るようにして、猫背の老婆が小さく写り込んでいる。写真を拡大すると、首筋には入れ墨がかすかに見える。あの老婆だ。

「丈さん！　これ、どこで撮影したんですか！」

前のめりで尋ねた。

「さっきも言ったとおり、川崎村ってところだよ。でも、仕事柄、心霊スポットを巡る雑誌の撮影も請け負っているから、あの日は雑誌の取材のネタになるかもしれないと思って、たまたまバス釣りの帰りに寄ってみただけなんだ」

丈さんはバッグから1枚のファイルを取り出し、それを私に差し出した。

〈川崎村（皮裂村）――昭和2年、廃村。村の人口は最盛期で約100人。江戸時代中期から明治初期にかけて、革製品の製造販売を生業にした人々が暮らしていた。外部から遮断された文化を持ち、農耕・狩猟を基盤とする自給自足の生活を送っていたが、大正後期には人口が20人を切り、昭和2年、最後の村人数名が隣の村に移ったため、廃村となった〉

丈さんが言葉を重ねる。

「こんな気味悪い婆さんがいたら普通気づくはずだろうけど、その時はまったく気配を感じなかったんだよな」

「この小屋の中は覗かなかったんですか？」

「いや、見なかったんだよな」

老婆「猟子《りょうこ》」

あの老婆は、やはり川崎村の最後の生き残りなのか。そうだとしたら、丈さんが語るように、いまだに人間の皮を剝ぎ、鎮魂の儀式をしているということか。皮を剝ぐということは、人を殺《あや》めるということだ。あの老婆にそんな大それたことをする力があるのか。

当惑する丈さんに対し、私は老婆の裁判傍聴記を語って聞かせた。私たちが現地に出向いたのは、その翌週のことだった。週末の昼下がり、私は丈さんの車で山林の途中まで案内してもらい、獣道を分け入った。その道中、私は老婆を「猟子」と名づけることにした。センスのいい名前とは思わないが、獣とともに生きてきた彼女の性に合っている。

丈さんの記憶をもとに、30分後には目的地にたどり着いた。割れたガラス瓶の破片を踏む音が静寂を破る。蔦《つた》が巻きついた扉を力一杯開けると、酒や榊《さかき》が並べられた祭壇が目に入ってきた。剝がれた壁面に目をやると、皮のようなものが幾重にも折り重なっている。だが、部屋に猟子はいなかった。

「たまたま外出してるんだろ。猟子が外に出る理由はひとつ」

丈さんが首を傾《かし》げた。

「やっぱり猟に出ているんですかね。それとも人間を……」

私は後日、何度も丈さんとともに猟子に会うために獣道を通った。だが、不思議なことに小屋には二度とたどり着けなかった。永遠に続く螺旋階段のような獣道が続くだけだった。

そんなさなか、次のような「行旅《こうりょ》死亡人」の記事が岐阜県の官報に掲載されたことを知った。

〈本籍・住所・氏名不詳、女性、70～90歳前後推定、身長152センチ位、頭髪3センチ、首筋に痣、入れ墨あり。痩せ型の上記の者は、岐阜県○村の山林にて死亡しているのを発見されました。死後数日、首吊り自殺による縊死《いし》。遺体は火葬に付し、遺骨を保管しています。心当たりのある方は、生活福祉課まで申し出てください〉

行旅死亡人とは本籍地などが判明せず、遺体の引き取り手が存在しない死者を指す言葉で、行き倒れている人の身分を表す法律上の呼称だ。

猟子は生き倒れたのか。

ひとつ疑問が残る。万が一、その仏が猟子だとしたら警察当局に保存された彼女の指紋で照合できるはずだが……。

私はこう思うことにした。彼女は家畜たちの供養を終えて旅立ったのだ、と。

犬食い村

◆都市ボーイズ・早瀬康広

中国地方のとある村では犬を食べる習慣があったそうです。周辺からは野蛮と見なされていましたが、時代を経るとともにその習慣もなくなりました。ただ、ある男性の一家だけは、つい30年ほど前まで犬を食べていたようです。しかも、野良犬が少なくなってからは、わざわざ街からペットの犬をさらってきて食べていたというのです。しかし、ある日から男性は犬の霊を見るようになり、「噛まれた」「とり憑かれている」と言い出しました。それ以降、一家で犬は食べなくなりましたが、いまでもこの家系にはなぜか犬歯を持つ人が多いそうです。

岩喰村

▼人を魅了し、人を喰う「赤黒い岩」

長野県某所

文●六方沢実

これは1990年代の末頃、私が大学に入って最初の冬に体験した話だ。当時はちょうど、スノーボードのブーム真っ盛り。私もバイト先の先輩に誘われてボードを始め、最初は付き合い半分だったが、いつしかいろいろな友人を誘って何度も山に通うほどにのめり込んでいた。そんな時期に、先輩が「穴場を見つけた」と言うので、私は喜んでお供することに。

夜中に車で出発し、日が昇るぐらいに目当てのスキー場へ到着。車内で朝食を軽く済ませ、いざゲレンデに出ると、期待以上の〝穴場ぶり〟に驚いた。そこは若干こぢんまりとしていたが、設備が新しく、雪質はサラサラ。なによりほとんど人がおらず、貸し切り状態だったのだ。私たちは興奮し、準備運動もほどほどに、リフトで一気に山頂を目指した。

その日は素晴らしく晴れわたり、遠くの山々まではっきりと見渡せたのを覚えている。木々の隙間を縫うように下り、しばらくすると一気に視界が開け、広いコースに変わった。

私は澄んだ空気と絶景を楽しみつつ、のんびりと滑っていたが、ふと下に目をやると、先行していた先輩がコースの端で立ち止まっていることに気づいた。私が「どうしたんですか？」と声をかけると、先輩はコースから外れた斜面の先、渓谷のような地形を指差してこう言った。

「あれ、なんだと思う？」

指の先を目で追うと、数百メートルほどくだった狭い平地に民家が4～5軒、ひっそりと建っているのが見えた。よくある〝茅葺きの古民家〟といった外観だが、コースの外とはいえ、スキー場から集落を見るのは初めて。私が驚いて言葉を失っていると、突然、先輩が「お先に！」と民家に向かって斜面を滑っていってしまった。私は少し迷ったが、慌ててあとを追いかけた。

間近で見た民家は、黒い板壁がところどころ割れ、雪の積もった屋根は一部崩れていた。どの家も〝廃屋〟といった様子だ。あたりの散策に行ったのか、先輩の姿はもうなかった。家々はシンと静まり返り、心細さのあまり「先輩ー！」と叫ぶと、遠くから「おーい！」と返事がした。

私は急いでボードを外し、声のした方へ向かった。新雪の足跡を辿《たど》っていくと、集落から少し離れた木々の合間に、古びたお堂があった。寂れた感じはあったが、民家のように壊れたところはなく、しっかりした造りに見える。正面の格子戸は閉まっていたが、戸の横に小さな板が打ちつけられており、墨字で「岩喰道祖」と書いてあるのが印象的だった。

ナタを脳天に振り下ろされる夢

その板を見つめていると、正面の戸がガラッと開き、先輩が「バアッ!」と飛び出した。私は心臓が止まるかと思ってへたり込んだが、先輩はどこ吹く風。「ちょっと来い」と、私をお堂に引っ張り入れた。部屋に入るとすぐ、中央に大きな岩が置かれているのが目に止まる。幅は1メートルほど、高さは私の胸ぐらいある。円筒状で、赤黒い大岩だった。岩の表面はツルツルしていたが、全体に散らばる模様のような隆起がどこか禍々《まがまが》しく思え、触るのは躊躇した。

「これ、なんだろな?」

「お堂にあるってことは……御神体みたいなもんですかね」

2人で岩を眺めていると、先輩がおもむろに車のキーを取り出し、岩をガッガッと削り始めた。

「何してんですかっ⁉」

驚いている私を尻目に、先輩はニヤニヤしながらキーの先を岩に打ち続けた。とうとう小指の先ぐらいの破片が床に落ちると、先輩はそれを拾い、笑いながら「ここに来た証拠が欲しかった」と舌を出した。いくら寂れているとはいえ、さすがに罰当たりだと思った私は「付き合ってられないです」と、先輩を残してコースへ戻った。その後、先輩に軽く謝罪をされ、一緒に夕方まで滑ったものの、その日は最後まで、私は後味が悪いまま帰路につくことになってしまった。

次のバイトの日。先輩はさっそく、同僚たちに集落と岩の話を自慢気に披露したが、小さな破片を見せても誰も信じてはくれなかった。先輩は悔しがっていたか、私は集落での不気味な体験が笑い話になったことに、どこか救われた気持ちになっていた。

しかし数日後、その安堵感は不安に変わった。先輩の様子が明らかにおかしいのだ。バイト先のムードメーカーだった先輩が、会うたびに口数が減り、ゲッソリやつれている。心配になって声をかけると、「お前、変な夢見ないか?」とぽつり。「とくには」と答えると、先輩は思いつめた表情で、不思議な夢の話を語り出した。

――夢の中、先輩は薄暗い部屋にいて、あの岩を抱えるような姿勢で、両手首をきつく縛られている。周りを数名の男が取り囲み、目の前では、小さな老婆が唸るように何かをずっと唱えていた。老婆が「それっ!」と声をあげると、男の一人が大きなナタを高く振りあげた。そしてそのまま身動きできない先輩の脳天めがけ、一直線にビュッと振り下ろす――。

岩の破片を持ち帰ってから、先輩は毎晩同じ夢を見て、同じ場面で叫び、目を覚ましてしまうのだという。先輩は、「もうずっと眠れていない」と、消え入りそうな声でつぶやいた。

そしてそれから間もなくして、シフトから先輩の名前が消えた。店長は「体調不良で辞めた」と話していた。私は先輩の携帯に何度も電話したが、いつも圏外でつながらなかったので、思いきって先輩のアパートを訪ねていった。部屋を叩くも返事はなく、諦めて帰ろうとしたところで、ふと嫌な予感が脳裏をよぎる。まさかとは思いつつ、翌朝、私は一人で例のスキー場へ向かった。前と同じように、コースの途中で斜面を下り、あのお堂の中に入ると、大岩をじっくりと確認した。思ったとおり、先輩が削った破片が元に戻されている。先輩は岩の呪いを解くため、ここに返しに来たんだ。先輩の行方がつかめ、少しホッとした瞬間、背後から声をかけられた。

寝ても覚めても岩を抱き続ける

「おい！」

私は飛び上がりそうになるも、その聞き慣れた声に、胸の奥から懐かしい熱を感じた。急いで振り返ると、お堂の外には先輩が立っていた。ヒゲは伸び放題で、顔は前よりやつれていたが、目は輝き、声も張りがあった。先輩はお堂に入って一息つくと、これまでの経緯を話してくれた。

あれから心療内科や睡眠薬など、いろいろ試したがすべてが無駄だった。しかし、改めて原因は〝祟《たた》り〟だと思い直し、意を決して破片を戻しに来たところ、ピタリと悪夢が止まったという。私は思わず涙ぐみ、先輩の回復を祝った。だが、先輩は申し訳なさそうに頭をかくと、「実は、まだ終わっていないんだ」と、話を続けた。

先輩の悪夢は止まったものの、なぜかこの岩が頭から離れなくなり、寝ても覚めても、この場所に無性に来たくなってしまうのだという。

「試しに、夢と同じように岩を両手で抱いてみたら、心がやすらぎ、信じられないほど幸せな気持ちになったんだ。最初は週一だったが、いまはもう車中泊で、毎日、岩を抱きに来てるよ」

こう話す先輩は、たしかに、これまで一度も見たことがないほど満ち足りた顔をしていた。私は少し戸惑ったが「体には気をつけてください」とだけ伝え、帰ることにした。事件性がないのはもちろんだが、正直、先輩にこれ以上かかわるのが怖くなったのだ。

先輩に一礼し、お堂を出た。だが、何げなく振り返ったところで、私はある事実に気づき、恐怖に固まってしまった。あの赤黒い大岩に無数にあった隆起。近くで見たときは気づかなかったが、少し離れて見ると、何人もの人間が、岩に抱きついている姿にしか見えなかったのだ。私は叫び声が出そうになるのをどうにか飲み込み、無我夢中でその場から立ち去った。

先輩に会ったのは、これが最後だった。

あれから二十数年が過ぎた先日、私はあのスキー場が閉鎖されたのをネット記事で知った。あの岩は、集落はどうなったのか。もはや確認する気持ちさえないが、ふと嫌な想像が頭をよぎる——雪に埋もれたあの集落、あのお堂で、先輩がいまでもあの石を抱いている姿……。

先輩の魂は岩に魅せられ、喰われてしまったのだろうか。当時は気にも留めなかったが、あの時、お堂の入り口にあった「岩喰道祖」の文字が、いまは何か意味があるように思えてならない。

人柱村《ひとばしら》

▼山奥の湖で忽然《こつぜん》と人が消える怪異

茨城県某所

文●六方沢実

世の中には様々な恐怖症があるが、私は「強い光」が怖い。夜道を歩いていて、車のハイビームを浴びただけで全身がこわばり、動けなくなってしまう。これから話すのは、そんな恐怖症を私に植えつけた体験――。

あれは10年ほど前、私が大学2年の夏、所属していた合気道部の合宿中に起こった。それまで合宿は毎年、群馬県の宿を使っていたが、その年だけはOBの誘いで、茨城にある山間の村へ行くことになった。そこは都心から電車で数時間、駅から車で20分ほどの山の中。村営の体育館が近くにあり、山道で足腰も鍛えられそうな、合宿にはうってつけの避暑地だった。

宿に到着し、OBの親戚である主人に挨拶を済ませる。昼食をとったあと、1～2年生だけは体育館に畳を敷くため、早めに宿を出ることに。OBは、先輩らと昔話に花を咲かせていたため、代わりに主人に先導してもらい、私たちは体育館へと続く緩い坂道を登って行った。

避暑地とはいえ、その年はとても暑かったのを覚えている。宿を出るとすぐに汗がにじみ、帽子を持ってこなかったことを後悔した。同じ2年の祥子（仮名）と私は、涼しさを求めて、ちょうど坂道から少し外れた場所に見えた湖に、吸い込まれるように近づいた。サッカー場ほどの湖面は、太陽でキラキラ光り、穏やかに波打っている。やや湿り気のある冷たい風が吹き、私と祥子は心地よさのあまり、しばらく足を止めた。

「生き返るわー」「気持ちいいねぇ」などと言いながら涼んでいると、先導していた主人が、いつの間にか私たちの真後ろに立っていた。

「あんたたち、これ以上、湖には絶対に近づかないでよ」

穏やかな口調だったが、主人の目は笑っていなかった。しかも間髪《かんぱつ》入れず、「少し前に溺れた人もいるんだ。とくに夜は近づかないでよ」と釘まで刺された。

元気に返事を返すと、主人は安堵した顔でまた先を歩いて行ったが、それを尻目に祥子がこっそり耳打ちしてきた。「あれ脅し？」。私は「そうかもね」と返し、坂道に戻り、歩き続けた。

強烈な光とともに消えた祥子

初日の練習が終わり、夕食のテーブルについた際、主人から「湖に近づかないでください」と改めて全員に周知された。祥子は面白くない様子で、「ここまで言われると、むしろ行きたくなるよね」と強気なことをささやく。私は嫌な予感がした。

祥子は部内の同じ2年の武志（仮名）と付き合っていた。3カ月前に武志から告白し、交際が始まったのだ。私は内心、武志には、祥子が湖に行くのを止めてほしかった。しかし、祥子から誘われた武志は、止めるどころか「いいね、俺も行きたい」などと乗り気に。しかも、武志が他の2年男子も誘ったため、結局、2年全員で行くハメになってしまったのだった。

私も腹をくくり、みなで相談した結果、決行日は合宿最終日の夜に決めた。そして最終日の夜、恒例の打ち上げが始まった。酒が進み、先輩たちが盛り上がっているなか、私たち2年は「自販機で飲み物を買ってきます」と言い訳を残し、出ていった。

坂道を進み、木々の間を20メートルほど抜けると、ほどなく、湖のほとりに到着。湖は涼しく、酒で火照《ほて》った体が、急速に冷えていくのを感じた。虫の声が響くなか、夜空と湖面にまたたく星々は本当に幻想的な光景だった。祥子と武志、私が景色に見入っていると、突然、あたりの散策に散っていた男子から声があがった。

「おーい！　すごいお宝を見つけたぞ！」

私たちがそこに向かうと、男子たちが木の根元にしゃがんでいた。そこにはアダルトな雑誌が何冊か積まれていたが、なんと武志も参加し、「すげぇ」と興奮し始めた。もちろん祥子は激怒し、「もう知らない！」と、湖の岸のほうへ走っていく。オロオロする武志に、私は「追いかけなよ」と促した。武志が立ち上がった刹那《せつな》、突然、祥子が走っていった先がパッと強く光った。

それは一瞬、視界が真っ白になるほどの強烈な光で、「パンッ」と小さな破裂音がした。私たちはしばらく呆然としていたが、武志が突然、祥子の名前を叫んで走り出した。私もすぐあとを追ったが、祥子の姿はどこにも見当たらない。いくら呼んでも返事がない。祥子は忽然《こつぜん》と消えてしまったのだ。

ドボンという音もなかったので、水に落ちたとも思えなかった。ただ、周囲は枝や葉が落ちているのに、祥子がいたと思われる場所だけ、1メートルほどの円状に土がきれいに剝き出しになっていた。土を触ると、わずかに温かさも感じる。武志が湖の周囲を走り回っている最中、別の男子の提案で、「祥子が宿に戻った可能性」を考え、いったん私だけが帰ることになった。

光の柱に包まれた笑顔

私は走って宿に戻り、あらゆる場所を捜したが祥子はいなかった。トイレで女子の先輩に「どうしたの」と声をかけられ、私はこれまでの経緯を話した。宿の全員に話が伝わり、青ざめた顔の主人が現れた。

「すぐに！　他の連中もすぐに戻せ！」

主人のひと声で、2年の男子全員が連れ戻された。食堂に部員一同が集まると、やや落ち着きを取り戻した主人が、ゆっくりと口を開いた。

「もう一度確認するが、祥子さんは光った。そして地面に円状の跡が残ってたんだね？」

私がうなずくと、主人は「残念だが、祥子さんはもう見つからん」と、ため息をついた。

武志が「そんなのわからないじゃないですか！」と叫んでも、主人は首を振るばかり。そして、この地域に伝わる「人柱」について話し始めた。

このあたりでは昔から、湖の岸に近づいた人間が、忽然と消えてしまうことがたびたびあった。2人、それも決まってひときわ暑い夏、日が沈んでからだったと。パッと光ると姿が消え、地面には円《まる》い跡だけが残る。いつからだったか、その様《さま》を遠くから見た人が「人柱」と名づけたという。

ここまで聞いて武志は、「警察を呼んでください！」と叫んだ。主人は「このあたりの警官もみんな人柱を知っている。連絡しても来るのは明日の朝になるだろう」と答えたが、武志は食い下がり、「万が一溺れてたらどうするんですか！」と訴える。主人は、「光った。円い跡があった。それは人柱だ。彼女はもう人柱になったんだ」とつぶやき、うなだれるばかりだった。

すると突然、武志は「絶対に生きてる！」と叫び、外へ飛び出した。主人は「誰か止めろ！」と声を張り、私と数人が立ち上がってあとを追った。

湖に着くと、武志は岸のぎりぎりに立ち、湖に向かって祥子の名前を繰り返し叫んでいた。正直、半信半疑な気持ちもあったが、「もしかして」を考えると、私たちは武志に近づけず、10メートルほど離れた木の側から「こっちに来い！」と叫び続けるしかなかった。

思いつめた表情の祥子の名前を叫ぶ武志はいまにも湖に飛び込みそうで、私はとっさに、ありったけの声でこう叫んだ。

「武志！　こっちの木の裏に祥子が倒れてる！　早く来てあげてーッ！」

言い終わるやいなや、武志が振り返る。しかし次の瞬間、祥子のときと似た白い光が、武志の体を包み込んでいた。それは一瞬の出来事だったが、武志を中心に燃えるような光の柱が空に向かってまっすぐに伸び上がった。そして武志は光に包まれたまま、「パンッ」と軽い破裂音のあと、消え去った。しばらくの間、その場の全員が、声も出さずに立ちすくみ続けていた。

翌朝、ようやく現れた警官と、武志が消えた場所を改めて確認すると、祥子のときと同じく円状に1メートル、きれいに剥けたような跡が残っていた。

合宿が終わり、私はすぐに退部した。祥子と武志は行方不明のままだった。

それから10年ほどたち、私も部のこと、あの村のことは思い出しづらくなってきた。しかし、夜道で強い光に照らされるたびに、武志の最後の姿だけははっきりと目に浮かぶ――空に高く伸びた光の柱、そして、真っ白な光に包まれながらこちらを振り向き、うれしそうに笑う彼の顔を……。

超解説

ネット怪談の金字塔

「杉沢村」の正体

杉沢村は本当に存在する

青森県青森市小畑沢小杉

取材・文●吉田悠軌

吉田悠軌●よしだ・ゆうき

怪談・オカルト研究家。怪談サークル「とうもろこしの会」会長。オカルトスポット探訪マガジン『怪処』編集・発行人。TBS系列「クレイジージャーニー」に出演するなど、怪談・オカルト分野で活躍。『一生忘れない怖い話の語り方　すぐ話せる「実話怪談」入門』(KADOKAWA)、『禁足地巡礼』(扶桑社新書)など著書多数。

「元祖ネット怪談」とされる杉沢村。今回はその真相と発展をひも解いていこうと思う。

この本を手に取っている読者は、すでに杉沢村についてご存じだと思うが、改めて、その概要を述べていきたい。様々な体験記があるが、それらを要約すると次のようになる。

若者数人が青森県のとある郊外の道を車で走っていた。すると突然、朽ちた鳥居やドクロのような形の石が現われ、「ここから先へ立ち入る者、命の保証はない」と書かれた看板を見つける。真っ暗闇の中を、興味本位で鳥居をくぐって進んでいくと、聞き取れない言葉を叫びながら狂乱している男がいて、その男に襲われる。もしくは、崩れそうな民家が並ぶ廃村にたどり着き、そこで男が村人を惨殺する現場に居合わせてしまう。驚いた若者たちは散り散りになって逃げ出すが、一人だけ逃げ遅れたようで姿がない。しばらく捜索するも、見つけた時には、彼は鳥居の先にいた発狂する男のように精神が錯乱していて、以後入院生活を余儀なくされる……。

なぜ、狂った男がいたり、村人の惨殺現場が再現されたりするかといえば、かつてその村では若い住民が突然発狂し、村人全員を虐殺する事件が起こったからだ。そして、事件を重くみた行政はおおっぴらに発表できないという判断を下し、地図や公文書から杉沢村の存在を消してしまった。

ただ、地図に表示されていないだけで、杉沢村はいまだに青森県のどこかに存在している。その場所に偶然たどり着いてしまうと、昔の惨劇が再現される異空間に迷い込んでしまうのだ。

杉沢村＝「小杉集落」

このような杉沢村の伝説が２０００年代初頭にネットの掲示板などに書き込まれ、大きな話題となる。「青森県内にある」という具体性から実際に足を運んだという者も現れ、彼らによって「鳥居を見た」「恐怖体験をした」という証言が書き込まれるようになっていく。しかも、その書き込みには共通点もあり、あながち嘘でもないように思われ、その後も続々と〝報告〟がなされていったのだった。

それもそのはずで、杉沢村は本当に存在するのだ。

結論から言えば、杉沢村は「小杉集落」という、青森県に実際にあった集落をモデルにしている。小杉集落は昭和前半に過疎によって廃村になった集落だ。実際に村の入り口には鳥居もあり、ドクロではないが、猿田彦大神《さるだひこのおおかみ》の石碑も鎮座している。ちなみに、小杉集落にほど近い青森市内には石神神社という神社があり、ここに祀《まつ》られている人面岩が、杉沢村のドクロ石のモデルになっていると思われる。

いまでも、杉沢村のモデルになった小杉集落（跡地）は存在しており、青森空港から車で30分も走れば着くことができる。近くにはゴルフ場や牧場、し尿処理施設があったり、山菜採りをする地元住民がいたりと、のどかな雰囲気で、まったく心霊スポットの様子は感じられない。ただ、２０００年以前は小杉集落へ続く道が舗装されていなかったため、たどり着くことも容易ではなく、秘境感覚を味わえただろうと推測できる。

杉沢村の〝いわく〟である村民の虐殺事件にも複数のモデルがあるといわれている。それが、「津山三十人殺し」と「青森県新和村一家7人殺害事件」だ。杉沢村内で起きるといわれる事件は、この両方がハイブリッドされた可能性が高い。

ただ、杉沢村伝説に最も影響を与えたのは、映画『八つ墓村』だろう。1960年代後半から始まった横溝正史ブームのあと、1977年に『八つ墓村』は公開された。『八つ墓村』に登場するセリフの「祟《たた》りじゃー!」は流行語にもなり、日本で一大ブームを巻き起こした。当時は、映画の他にも横溝正史作品を原作としたテレビドラマが相次いで放送されており、全国的に「日本にはまだ知られていない因習深い村が存在する……」「村は怖い」という共通認識が生まれていた。

このような1970年代の金田一シリーズのリバイバルにより、〝怪村〟は現代に至るまで日本人のキラーコンテンツになっていったのだ。

〝不良〟が広めた杉沢村伝説

その時代の雰囲気と呼応するように、杉沢村伝説は様々な要素を取り入れながら形成され、ローカル怪談として当時の地元の不良たちの間で広まっていったと思われる。不良たちは度胸があるかを証明すべく、心霊スポットへ肝試しに行くことが多かったのだ。

そのため、怪談は彼らから生まれやすかった。

また、青森には恐山やイタコ、「八甲田雪中行軍遭難事件」など、怪談が発生しやすい場所や文化が多い。そのため、全国的に見ても怪談が豊富な土地であり、怪村ブームと結びつきやすい素地があったと思われる。

そして、2000年代にインターネットが本格的に普及すると、ローカル怪談だった「杉沢村伝説」は掲示板などを通して全国に知られるようになった。

杉沢村がネットに出現した1年後には、犬鳴《いぬなき》村の話も投稿され、怪談マニアやオカルトマニアの間で話題に。このインターネット黎明期に話題になった2つの怪談は、現在でもネット怪談の金字塔として君臨している。なぜなら、どちらも実際に村の場所が確認でき（小杉集落と犬鳴トンネル・犬鳴谷村）、噂で語られるような建物や鳥居が発見されて信ぴょう性が高まったからだ。

実際に訪れた人のレポートや体験談がネットに書き込まれ、テレビ番組やレンタルビデオなどの映像でも検証がされ、伝説がどんどんつくり上げられていった。リアルと虚構の配分の具合が絶妙だった杉沢村と犬鳴村は、こうして、最も有名なネット怪談となったのだ。

しかし、このような「実在するまだ見ぬ怪村」の話は、今後出現することはないだろう。なぜなら、いまではグーグルマップなどの地図アプリを使えば、アマゾンの奥地から日本の山奥まで、世界の隅々を見渡すことができるからだ。

このようにインターネットで村の場所が確認できてしまうと、リアル空間にフロンティアを見出すことができなくなる。そのため、杉沢村に並ぶような「実在するまだ見ぬ怪村」は、今後生まれようがないのだ。

未開の地の探求という2000年代初頭までのロマンが感じられる杉沢村伝説。このような成り立ちを知れば、より怪談を楽しめるだろう。


「実在するまだ見ぬ怪村」は今後出現することはない……

第三章

行ってはいけない怖い「禁断地」の話

田原坂《たばるざか》・七本《ななもと》官軍墓地

▼西南戦争で絶命した兵士の怨みが染みつく墓地

熊本県熊本市

1990年代初頭、当時高校生だった私は、熊本県熊本市内にあるレストランでアルバイトをしていた。バイトを始めた目的は、原付バイクの購入。そのバイト先では、別の高校に通う男子2人と仲良くなり、3人でいつもつるんで遊んでいた。高校2年の夏休み直前、私たちはそれまで貯めたお金で念願の原付バイクを買い、海や山にバイクを走らせて夏を満喫。ある程度行きたい場所を網羅した頃、仲間のひとりがこんな提案をしてきた。

「田原坂の七本官軍墓地で肝試しをしよう」

熊本市北区にある「田原坂」は、日本史上最大の内乱といわれる西南戦争の代表的な激戦地。1877年3月4日から17日間、西郷隆盛率いる薩摩軍と、明治政府方の官軍が田原坂で激闘を繰り広げ、多くの兵士が血を流して命を落とした。「七本官軍墓地」は、その田原坂のほど近くにある県内屈指の心霊スポットだ。その名のとおり、官軍兵士たちが眠る墓地で、いまもなお彼らの怨念がうずまいているとされる。熊本県民ならば、誰もが

取材協力●川奈まり子　構成●萌木冴子

一度は田原坂にまつわる恐ろしい噂を耳にしたことがあるほどだ。

それに、私が高校生の頃は、テレビの心霊番組も多く、夜の遊び場が少ない田舎に住む若者にとっては〝心霊スポット巡り〟はひとつの娯楽だったように思う。ちょうどお盆の時期も近かったので、自分もそのアイディアに大賛成したのを覚えている。

怒気をはらんだ男の唸り声

肝試し当日、3人で示し合わせてバイトのシフトを入れ、仕事を終えてから田原坂を目指した。22時過ぎに出発したが、途中で道に迷ったりトイレに行ったりして、結局、目的地に着いたのは深夜0時近く。夜深い時間にもかかわらず、駐車場には先客がいた。バイクの形や彼らの風貌から、ひと目で「不良だ」とわかるガラの悪い3人組。かかわらないように遠くにバイクを停めると、不良の一人が私に話しかけてきた。

「よお、村上じゃねえか！　久しぶりだな！」

彼らは、去年まで私と同じ高校に通っていた橋本・藤田・伊藤の3人だった。私が通う高校は荒れていて不良が多く、ドロップアウトする学生も少なくない。そのなかでも、彼らは筋金入りのワルで、退学したあと暴走族に入ったという噂は聞いていた。

「ああ、久しぶりだね……」

「お前らも官軍墓地に来たのか。せっかくだから一緒に肝試しに行こうぜ」

マジメなバイト仲間にこの3人を紹介したくなかったが、半ば強引に6人で官軍墓地に入ることになってしまった。肝試しのために持ってきた懐中電灯で墓地を照らすと、小さな墓石が無言で立ち並んでいる。お盆だというのに300近くもある墓石には、花の一本も供えられていない、不気味でさみしい場所だ。

それから30分ほど墓地を歩いたが、何も起きない。不良たちが口々に文句を言うなか、伊藤がこんな提案をした。

「俺の使い捨てカメラで写真撮ってやるよ。村上たちも入れれば？」

あの頃はスマホなんてなかったので、若者たちは使い捨てカメラを持ち歩き、ことあるごとに写真を撮っていた。しかし、ここでの撮影は避けたいと思った私は丁重に断った。

すると、橋本と藤田の笑い声が深夜の墓地に響く。声のほうに目を向けると、なんと2人は墓地の入り口に植えられた大木に向かって立ち小便をしていたのだ。

「伊藤！　早く写真撮って!!」

「ギャハハ！　お前らバカじゃねえの!?」

笑いながらシャッターを切る伊藤。

「やめろよ！　バチ当たるぞ！」

注意してはみたものの、2人は立ち小便をやめようとしない。しばらくすると、風も吹いていないのに周囲の木々がざわつき、揺れ始めた。

そして、木々のざわめきがひときわ大きくなった瞬間――。

「ゔゔ……ゔぁあああああああああああああああああ」

突然、怒気をはらんだ男の唸り声が、その場にいた全員の耳に轟《とどろ》いたのだ。恐怖のあまりすぐに墓地から逃げ出し、バイクに飛び乗った。恐怖で動悸《どうき》が止まらないまま、私たちは家路についた。

首だけが20メートルくらい……

恐怖の肝試しから1週間がたった頃、伊藤から私の自宅に一本の電話がかかってきた。

「いったい、なんの用だろう」と身構えると、伊藤は沈んだ声でこう切り出した。

「実は、橋本と藤田が事故で亡くなったんだよ」

聞けば、事故が起きた日、橋本と藤田は、暴走族の先輩から借りた車を無免許で乗り回していたという。運転席には橋本、助手席に藤田、2人の女性が後部座席に同乗し、全員シンナーを吸ったトランス状態だった。無謀な運転をしてパトカーに追われていたところ、カーブを曲がり切れず、近くにあった橋の欄干に激突。車ごと橋の下に落下した。橋本と藤田、後部座席の女性ひとりは即死。奇跡的に生き残った女性は重体だという。当時、熊本のローカルニュースで報道されたほど大きな事故だった。伊藤の用件は「2人の葬儀に出てほしい」というもので、自分も最後に会った元同級生として参列することにした。

葬儀後、伊藤に「話がある」と言われ、私たちは近くの喫茶店に入った。

「今日の告別式、棺が一度も開かなかっただろ。たぶん、遺体の状態のせいだと思うんだ」

「え？　どういうこと？」

「橋本と藤田は、フロントガラスに突っ込んで死んでたんだけど、首から下は車に取り残されて、首だけが20メートルくらい遠くに飛ばされてたんだって……」

あまりに壮絶な最期に言葉を失う。

「それでさ、お前に見てほしいものがあるんだけど」

そう言いながら、伊藤は1枚の写真をテーブルに置いた。あの夜、彼が撮影した2人の写真だ。それを見た瞬間、総毛立つのを止められなかった。

橋本と藤田の首から上は消え、無数のオーブ（霊魂）が2人を囲んでいたのだ。

「最初、写真屋に行ってカメラを出したら『現像しないほうがいい』って言われたんだよ。でも、2人の最後の写真だからって頼み込んで、紙焼きしてもらったんだ。いっぱい写ってる白い玉はなんだろうな……。ほら、村上もよく見ろよ」

虚ろな目と抑揚のない声、生気のない顔をした伊藤は、嫌がる私に何度も写真を見せてくる。彼の異様な様子から「写真と一緒に、お祓いしてもらったほうがいい」と伝えたが、あいまいな返事しかなかった。

それが、私が見た伊藤の最後の姿だ。

橋本と藤田の葬儀のあと、彼は家に帰らず、不良仲間のところにも行かず、消息を絶ってしまった。あれから30年、いまも彼の行方はわかっていない。

そしてこれは、あとになって知った事実だが、橋本と藤田が小便をかけた大木の根元には、官軍兵士の遺体が大量に埋葬されていたらしい。あの夜、2人は、官軍の怒りを買ってしまったのか……。あの日以来、私は田原坂には近づいていない。

川奈まり子●かわな・まりこ

東京都生まれ。作家。日本推理作家協会会員。体験者への取材や、現地の資料に基づいたルポルタージュ怪談を得意とする。『迷家奇譚』『少女奇譚』『少年奇譚』(すべて晶文社)、『実話怪談　でる場所』(河出文庫)、『一〇八怪談』シリーズ・『実話奇譚』シリーズ(ともに竹書房怪談文庫)など、怪談実話の著書多数。

犬鳴《いぬなき》トンネル

▼入ったらおしまい……有名心霊スポットの〝惨禍〟

福岡県宮若市

私の父は、福岡県の大牟田市出身です。父は1967年生まれ。若い頃はまだ暴走族が流行っていて、オートバイに乗ることがものすごく盛んだったと言います。父はそこまで不良ではなかったようですが、高校生になったらすぐに原付の免許を取って、友達と一緒にいろいろなところにバイクで走り回るという遊びをよくしていたそうです。

その日は、よく遊ぶ友達2人と父の計3人で、バイクで遠出をしようということになりました。そこで友達の一人が「怖い場所に行こう」という提案をしてきたのです。

当時の福岡の若者の間では、宮若市にある「犬鳴隧道《ずいどう》」、いわゆる旧犬鳴トンネルが心霊スポットとして有名で、様々な噂がささやかれていました。

大牟田市からは少し離れているけれど、峠をバイクで走るのも面白そう。そこで、肝試しも兼ねて行ってみようということになったそうです。

とはいえ、父は少し躊躇《ちゅうちょ》していました。実は、父は昔からちょっとした霊感があるというか、たまにおかしなものを見たり感じたりすることがあったようで、心霊スポットやいわくつきの場所にはできるだけ近づきたくなかったそうです。ですが、そこは十代の男の子。強がりたい年頃ということもあって、父は「じゃあ行こうよ」と答え、3人で向かうことになりました。

「本当に申し訳ないことをした」

真っ暗な峠道をバイクで走り抜け、夜中2時過ぎ、ようやく犬鳴隧道に着きました。

1975年には、そこから1キロほど離れた場所に「新犬鳴トンネル」が開通しており、ほとんどの車はそちらを使うため、こちらの旧トンネルにはまったく車通りもないような状態。ただ、いまは封鎖されている入り口ですが、この頃はまだ塞がれておらず、普通に通行できる状態だったそうです。

しかし、真夜中なので明かりもなく、トンネルの中は真っ暗。危険なので、ひとまず3人はトンネルに入らず、手前でバイクを停めました。父は、何か得体の知れない雰囲気に圧倒され、それ以上走る気が起きなくなったといいます。「恥ずかしいな」という気持ちはありながら、「申し訳ないけど、ここまでしか行けない」と父は2人に告げました。

すると、もう一人の友達も「俺も無理」と。それなら帰ろうか、と父が声をかけようと思ったら、3人目の友達が「お前ら弱虫か」と、前に出ます。「だったらお前らそこで待っとけ。俺だけで行ってくるから」と、バイクにまたがり、一人でトンネルに入っていってしまいました。

バイクのテールランプが暗闇の中にどんどん吸い込まれ、エンジン音も小さくなり、やがて何も聞こえなくなりました。

そのまま数分たっても、音も光もないまま。トンネルの暗闇だけがそこにある。この隧道は全長150メートルほどで、そんなに距離があるわけではありません。向こう側まで行って帰ってくるとしても、そんなに時間がかかるはずがないのです。

なのに、トンネルに入っていった友達は、いつまでたっても帰ってこない。

当時は携帯電話なんて持っていないので、連絡の取りようもありません。でも、残された2人でトンネルの奥に探しに行くのも怖い。「困ったな」と思いながら、父と友人はその場で小一時間ほど待っていました。

そこで父は……。「本当に申し訳ないことをした」といまでも後悔しているのですが、もう恐怖に耐えられないし、友達はトンネルの向こう側に抜けて、別のルートから帰ったのではないかということにして、自分たちもこのまま帰ろうと、2人だけでトンネルから引き返してしまったのです。

Tシャツに残る無数の子供の手形

家に帰り、翌日になってトンネルへ入っていった友達の家に電話をかけたら、家族が出ました。そして言うのです、「まだ帰ってきてない」と。捜そうにも、どのあたりを捜せばいいかもわかりません。そこで捜索願を出すことになり、要請を受けた警察によって捜索が始まりました。

警官や自衛官が何十人も投入され、一帯を1週間近く捜し続けましたが、なんの手がかりも見つからない。もうそろそろ捜索が打ち切られるというタイミングで、その友達が発見されました。何度も捜したはずの犬鳴隧道の方向から、よたよたと歩いてきたところを保護されたというのです。

しかし、その場で警察官が何を尋ねても、彼は何も答えない。乗っていたはずのバイクもない。これまでどこで何をしていたかもわからない。友達は言葉にならない声を発し、ほとんど意思疎通が取れない状態だったそうです。

ただ、その友達はバイクでトンネルに入った時に白いTシャツを着ていたそうなのですが、なぜかそのTシャツが薄汚れていて、茶色い土ぼこりがたくさんついていたといいます。その汚れをよく見ると、子供の手形のような形をしている。無数の小さな手がTシャツを掴んで引っ張った痕《あと》のように見えた、ということです。

その後、友達は入院し、面会謝絶で会うことも叶いませんでした。父が高校を卒業し、町を離れるまでずっと、病院から出てくることはなかったそうです。その後、地元に戻った時に「アイツはどうなった？」と尋ね回りましたが、その行方を知っている人は、一人もいなかったといいます。

父は、私が小さい頃から「犬鳴トンネルにだけは行くな」と忠告してくれました。その頃は気にも留めませんでしたが、私はやがて怪談の仕事にかかわるようになり、様々な「犬鳴トンネル」の話を聞く立場になりました。

父は改めて「心霊スポットには行くな。とくに犬鳴だけはやめろ」と言ってくれていますが、私はいずれ、あの場所へ行かなくてはいけないと思っています。

深津さくら ● ふかつ・さくら

怪談作家、実話怪談蒐集家。1992年生まれ、茨城県水戸市出身。2018年に怪談トーナメント大会「OKOWAチャンピオンシップ」に出場。以降、数々のイベントで怪談を披露。著書に『怪談びたり』『怪談まみれ』(ともに二見書房)。映像作品に『怪奇蒐集者 深津さくら』『怪奇蒐集者 怪談ざんまい 深津さくら』(ともに楽創舎)がある。

挨拶をしないと祟《たた》られる森

◆都市ボーイズ・早瀬康広

四国には「挨拶をしないと祟られる森」があります。森全体が信仰されており、とくに高齢者は森に熱心に挨拶をしているようで、なかには1時間ほど森に話しかけ続ける人もいるとか。高齢者ほどではないですが、若者でも森のそばを通るときには「こんにちは」と挨拶をします。というのも、挨拶をしなかった人が行方不明になったり、病気になったりした過去があるからです。

そこでは男の子の神様が祀られています。その森はかつて子供が〝口減らし〟として放り込まれていた場所で、彼らの慰霊として祠を建て、祀っているとのことです。いつしか祠だけではなく、森全体が神格化し、信仰されるようになりました。その経緯を高齢者は知っているので、とても大事にしています。

祀っている神様は子供なので、すぐに拗《す》ねるという考えから、挨拶をする習慣ができたのです。

筑波山

▼行方不明になった人間が住む〝異世界〟

茨城県つくば市

文●桜木ピロコ

些細《ささい》なことで夫と口論になり、家を出た。物理的な距離をとり、冷静に考えたかったのだ。とても暑い夏の日だった。

過保護で過干渉の両親の住む実家には帰りたくなかったので、車に乗って一人で出かけた。あてなどないが、その時は「ここではないどこかへ行きたい」という思いだけが募《つの》って、自宅のある東京から高速道路に乗ることにした。

筑波山に行ってみよう——。そう思い立ったのは、学生の頃、筑波大学に通う彼氏がいたからだ。穏やかで頭のいい素敵な人だった。これまで付き合った誰よりも、あの人といると幸せだった。2年付き合ったあと、突然音信不通になり、そのまま自然消滅したのだ。ぼんやりと思い出しながら、常磐自動車道を走る。

土浦北インターを降りて、県道を進む。早朝の出発でよかった。これが夜中だったらなんだかみじめで目も当てられない。研究学園駅の近くに、会員になっているビジネスホテルがあったので、まずは3日分の宿泊予約をした。ここを拠点にし、今後のことを考えたり、どこかに行ったりしよう。気分は晴れ晴れとしていた。

宇宙人の末裔が住む「上村《かみむら》」

筑波大学生の彼は、とても博学で、面白い話をよくしてくれた。民俗学の話に興味を示すと、茨城県に伝わるオカルトめいた伝承を教えてくれた。

「筑波山にはね、イザナギ、イザナミより前に、男女の神様が降臨したって伝説があるんだ。それが宇宙人とか異世界人じゃないかって話らしいよ。あのあたりの出身の人たちには『自分たちは宇宙人の子孫だ』って言う人たちがいるんだって。明治以前までは、その子孫の人たちだけが住む『上村』ってところがあったらしいんだ。『上』はね、本当は『神』なんじゃないかっていわれてるんだよ。すごいよね。宇宙人や異世界人が本当にいるのなら会ってみたいよ」

「えー。現実主義者なんだと思ってたよ。かわいいところもあるんだね」

「人間はなんでもできるけど、人知の及ばない世界を知りたいと思うんだ」

そんな夢見がちなことを言う人ではあった。他にも、筑波山では、つちのこがしょっちゅう目撃されている。「四六のガマ」は前足が4本指。後ろ足6本指のカエルで、正体は宇宙人のペット。上半身がカエルで、下半身が鳥の化け物も住んでいる。などと、荒唐無稽な話をしていた。

ホテルでチェックインを済ませ、駅前の居酒屋へ行くことにした。チェーン店ではない、さびれたお店だ。気分的にぴったりだった。お酒が好きで、長《なが》っ尻《ちり》の癖が出て、結局22時30分の閉店時間を過ぎてもその店の常連客数名や女将と飲み続けることになってしまった。

「そう。東京から来たんだ。筑波山には行った？　この辺は観光っぽいところって筑波山くらいしかないからなぁ」

常連客の男性の言葉をきっかけに、昔、彼が話してくれた筑波山についての伝承を聞いてみたくなった。やや酔っていたのだと思う。

「筑波山って、宇宙とか異世界とつながってるって噂があるんですよね？　で、宇宙人の末裔の人たちだけが住む上村っていうのがあったんでしょ？　どのあたりなんだろう」

「誰に聞いたの？」

「え。元彼に」

空気が静まり、女将の顔色が変わった。

「そんな馬鹿みたいな話してないで。もう閉めますよ。帰ってくださいね」

急《せ》かすように追い出され、釈然としないまま、ホテルへ徒歩で帰ろうとしていると、先ほどの常連客の一人が追いかけてきた。

「なんか、ごめんね。ああいう話、興味あるの？　実はさ、筑波山で女将の息子さん、いなくなっちゃってるんだよ。なんの痕跡もないから、宇宙人に連れ去られたとか、化け物に食われたとか言われて、当時は大変だったんだ。明日の夜、予定ないなら、筑波山行かない？　俺、車出すからさ。上村のだいたいの場所は知ってるよ」

話に乗ることにした。面白そうだったし、音信不通になった元彼も、上村を見つけたいと言っていたから。どこかで会うことがあったら、「上村の場所わかったよ」と言いたいと思ったのだ。

異世界やパラレルワールドの存在

幽霊林道と呼ばれる有名な心霊スポットや、走り屋の聖地といわれている峠などの、説明を受けながら、車で筑波山を登っていく。夜の山道は暗く、林の奥から、いまにも化け物が出てくるようで恐ろしかった。

「筑波山のふもとあたりを、上村って呼んでたらしいよ。宇宙とつながってるとか、異世界とつながってるとかいわれてるのは、神社の裏だよ。行くでしょ？」

誰もいないから大丈夫だと、車道に車を停め、神社を目指す。生暖かい空気に触れ、肌はじっとりと汗ばんできた。

夜の神社はまったくの異世界だった。わずかな明かりに照らされた鳥居や神殿は、その独特な風情がかえって禍々《まがまが》しく、神のいる場所というよりは、地獄のように見える。うるさいほどの虫の音《ね》が聞こえなくなった時、視界がぐにゃりと歪んだ。

目の前には、白い筒のような服を着て、田んぼの周りに集う人々がいる。昼間だった。太陽の光が降り注いでいる。男も女もいる。そして、そのなかにはっきりと見えたのは、懐かしい、穏やかで頭のいい、あの人の顔。叫び出しそうになった時、肩をゆすられる感覚で、我に返った。

「どうしたの？　ぼーっとして」

「あ。ああ。ごめん。何分くらい？」

「何分って一瞬だけど」

「なんか、体調が悪いからもうホテルに帰りたい」

青ざめた顔を見て、動揺したのか、常連客の男性は何も聞かず、ホテルまで送ってくれた。車の中では何も話せなかった。挨拶もそこそこに別れ、ホテルの部屋に入った瞬間腰が抜けた。

あれはなんだったのだろうか。ほんの一瞬だけれども、たしかに見た。明るい昼間の太陽。田んぼ。白い服の人々。それにあの人。幻覚や妄想ではない。間違いなく見た。なんだったのかわからない。大したことじゃないのかもしれない。もっと不思議な体験だって聞いたことがある。いろいろと思いをめぐらしたが、意味がわからない。病気だと思われるのが嫌で、この話はこれまで誰にも話さないできた。

異世界やパラレルワールドの存在を知ることになったのは最近のことだ。いま存在している現実には、並行して別の現実が存在している。その世界がいくつもあるとか。

夫と住む家から出て、昔の彼を思い出し茨城県まで一人で逃げてきたあの日。ひょっとすると、そのパラレルワールドのひとつと意識がつながってしまったのではないだろうか。

あるいは、こうも言える。突然行方不明になった人間たちが住む、別の村のような場所がある。そこには、あの彼も、女将の息子も白い服を着て住んでいる。その存在を知るわずかな人々が、そこを「上村」と呼んでいたのではないだろうか。

イザナギ、イザナミ以前の神。宇宙とつながっているという神社。そこで見た不思議な世界は、そう考えれば辻褄《つじつま》が合う。やはり人知の及ばない世界はあるのだ。

離婚することを決めたいま、また、あの神社に行こうかと思っている。今度は一人で行く。今週末にも行くつもりだ。もちろん夜中。あの時と同じくらいの時間に行く。あの時は一瞬見えただけ。けれど今度はもっと長くあの世界を見られるかもしれない。別に、どうしてもこちらの世界に留まっている必要はない。別の現実があるのなら、そこに行きたい。

きっと次はあの世界に入り込むことができると思う。なぜなら、あの時、あの昔の彼と目が合ったのだから。その時、あの人は「あっ」という顔をしたのだ。それが現実だ。

「上村」は存在する。

通ってはいけない道

◆都市ボーイズ・岸本 誠

知り合いのバイク乗りから「絶対に通ってはいけない道」を聞きました。それは関西のある集落に続く道です。そこに親戚が住んでいた彼は、ツーリングついでに寄っていこうと、夜、集落に続く山道を走っていました。すると、途中の道路脇で男性2人組が原付バイクに2人乗りをして停まっていたそうです。知り合いが通り過ぎようとしたところ、クラクションを鳴らされ「お前どこのもんだ？　R君を知っているか？」と聞かれました。

彼は「知らねえよ」とぶっきらぼうに答え、通り過ぎたのですが、親戚の家の近くまで、その2人組はずっと後ろから追走してきたそうです。彼は、なんとか2人をまいて親戚宅に到着し、1泊したあと、家路につきました。しかし、その後、親戚宅は突然暴力団に襲撃され、傷害騒ぎになったというのです。銃も打ち込まれるほどの徹底した襲撃でしたが、捕まった組員は完全黙秘。襲撃の理由はわかりませんでした。

ただ、後日聞いたところによるとその集落にはRという権力者がいて、彼の許可なく部外者がやってくると、荒っぽい方法で排除されることがわかりました。バイク乗りでぶっきらぼうな彼は反感を買い、親戚宅はそのそしりを受けたのです。これが怖いのは暴力団が動いていること。事件は報道もされたが、なぜか襲撃した組員が異例の短期間での釈放となった。つまり、Rは暴力団だけではなく警察にも影響力を持つ人物だということです。ですから、この道だけは通ってはいけません。

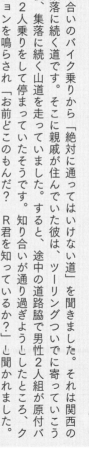

猫島

▼伊豆諸島の島にいまも残る「化け猫」の呪い

東京都新島村式根島《しきねじま》

猫好きであれば、全国各地の「猫島」を一度はチェックしたことがあるだろう。実際に訪れてみたことがある人も少なくないはずだ。

「人よりも猫の多い島」としてメディアでもよく取り上げられている宮城県石巻市の離島・田代島をはじめ、愛媛県大洲市長浜町の青島、瀬戸内海に浮かぶ香川県の塩飽《しわく》諸島の佐柳島《さなぎしま》、琵琶湖唯一の有人島・沖島などが「猫島」と呼ばれ、そこにはたくさんの地域猫が生息している。国内からはもちろん、海外からも多くの猫好きが訪れることで、猫たちは地域の観光資源にもなっている。

大半の猫島で大きな産業となっていたのは漁業だが、漁師たちは猫の動作によって天候や漁の成果を占っていたという。また、猫を大事にすることで豊漁になるという言い伝えもあった。田代島では、漁の守り神である猫を祀った「猫神様（猫神社）」が島の中央に建てられている。

文●佐藤勇馬

そんな猫島のなかでも、異彩を放つ伝説があるのが伊豆諸島の式根島だ。

鎌倉時代、式根島に恐ろしい化け猫が現れ、子供がさらわれる被害が続発した。島民たちが頭を悩ませていると、島に流れ着いた平家の落人たちが、化け猫を退治してくれた。以降、島民たちは化け猫の再来を怖れて猫とのかかわりをいっさい断つようになり、島で猫を飼うことは最大のタブーとなった。猫という言葉すら禁句にされていたという。

だが、明治時代になると島でネズミの害が深刻化し、本土から移住してきた労働者たちが困り果てた。人々は考え抜いた末に「猫を飼うしかない」と決意し、鎌倉時代から続いていた島のタブーを破ることになった。島民のひとりが海岸近くにある大王神社にこもり、神に向けて「私たちはネズミの害で困っています。どうしても猫を飼いたいのですが、もしそれが許されないのなら私の体に罰を与えてお知らせください」と一心不乱に祈った。結果、とくに体に異常が起きなかったことで、島で猫が飼えることになり、猫たちが繁殖していったという伝説だ。

「猫島ブームだけどさ、ただ猫がたくさんいますってんじゃありきたりでね……。だから、ちょっと毛色を変えて式根島の化け猫伝説のルポをやってほしいんだよ」

フリーのライターをしている私は数年前、某週刊誌の編集者・下村さん（仮名）からそう依頼された。式根島なら、東京から高速ジェット船で3時間ほどで行ける。1泊2日の取材旅行で経費も出してくれるということだったので、私は「温泉でも入って息抜きがてら……」と承諾した。

取材当日は下村さんとともに竹芝桟橋から高速ジェット船に乗り、快適な船旅で式根島に着いた。

天気に恵まれたこともあり、想像していた以上に島の自然は美しかった。透明な海、鮮やかな緑、3カ所ある天然の露天温泉、きれいな海水浴場もある。伊豆諸島のなかで、とりわけリゾート人気が高いのも納得だ。

だが、私たちはゆっくり観光するわけにはいかない。1泊2日の限られた時間で式根島の「化け猫伝説」を、それなりの記事になるくらいには取材しないといけないのだ。

「化け猫の祟りがあるぞ……」

といっても、化け猫伝説は鎌倉時代や明治時代の話なのだから、由来のある神社の写真を撮ったり、地元の老人に伝説にまつわる逸話を少しくらいは聞けたらいいか……という腹積もりだった。なにせ島はのどかだ。仕事のやる気もそんなに起きない。

しかし、この日の島には異変が起きていた。到着した時から島の男たちが慌ただしく動いている。チェックインした宿のおかみに聞いてみると、不安そうな顔でこう言った。

「大王神社が荒らされたみたいで……」

しめ縄を外されたり、本坪鈴《あが》が引きちぎられたりといったくらいで、すぐに修復できる程度の被害だったそうだが、猫を崇めている島民たちにとっては一大事だ。

すぐに私たちは大王神社へ向かった。注意していないと見逃してしまいそうなほど狭い階段を上ると、こぢんまりとした社が目の前に現れた。たしかにしめ縄や鈴がちぎられ、その近くには島民と思われる数人の男たちが呆然と立ち尽くしている。

「恐ろしい……なんでこんなことを……」

ひとりの男が誰に向けるでもなくそうつぶやいた。話を聞いてみると、このような行為があったのは少なくとも近年では初めてだという。

「化け猫の祟りがあるぞ……」

別の男がまた誰に話しかけるわけでもなくそう言った。そうだ、この社は明治時代に島民が猫を飼わせてほしいと神様にお祈りした場所だ。神様のお許しがあったことで式根島は猫島になり、猫たちはネズミの駆除役や豊漁の守り神、そして観光資源となって多くの福を呼び込んだ。島にとってはかけがえのない場所だ。

観光でやってきた人間が悪ふざけしたのだろうか。社にいたずらするというのはちょっと常軌を逸している。念のために下村さんが荒らされた社の写真を撮り、修復されるまでの間に周辺を観光することになった。

肉をえぐられたネズミの死骸

着くなり神社荒らしの騒ぎで嫌な気持ちにさせられた私たちは、絶景で気分を変えようと島の展望台へ向かった。

そこには、なぜか一人うずくまっている男がいた。具合でも悪いのかと思って「大丈夫ですか？」と声をかけると、男はゆっくりと振り返り、血走った目を大きく見開きながらこちらをジロリと睨んだ。男は肉をえぐられたネズミの死骸を手にし、口元には血がついていた。

〈こいつはネズミを食べていたんじゃないか……？〉

そんな考えが頭によぎった刹那、男が私たちに飛びかかってきた。下村さんが押し倒され、周囲に響き渡るような叫び声が聞こえた。私は下村さんを助けようとしたが、すぐに男は走って逃げていってしまった。私には、男の顔つきが「化け猫」のようにも見えた。

「あの野郎、噛みつきやがった……」

下村さんは首の後ろを押さえながらそう言った。確認してみると、しっかりと歯形がついて血がにじんでいる。私たちはそのまま宿に戻り、下村さんは軽く手当てをしてもらった。

ただの取材旅行のつもりがとんでもない目に遭ってしまった……。私たちは襲ってきた男の人相や風体を島の男たちに伝え、修復された社の写真だけ撮ると何をするでもなく布団に横になり、翌日に高速ジェット船で島をあとにした。私はライターなのでネタになるかもと割り切ることができたが、実際に襲われた下村さんは災難だ。あとから聞いた話では、あの男は崖から落ちて死んでいたという。

1週間後、私は式根島での取材成果を原稿にまとめて下村さんにメールで送った。しかし、いつもなら「即レス」の下村さんがなかなか返信を寄こさない。電話も出ない。外出ついでに出版社を訪ねてみると、顔見知りの編集者が小声でこう教えてくれた。

「下村さんなんですけど、無断欠勤が続いているから様子を見に行けって言われてるんですよ」

不穏なものを感じた私は、これから下村さんの自宅へ行くというその編集者に同行させてもらうことにした。下村さんは独身で一人暮らしだから、万が一のこともありうる。

下村さんの暮らすマンションは少し古めだが立地がよく、会社からも数駅の距離にあった。私たちはインターホンを押したが、反応はなかった。どこかに出かけているのか、それとも中で……。そんな思いをめぐらせながらドアノブを回してみると鍵が開いていた。

カーテンを閉め切った薄暗い部屋……。ゴミ屋敷のように物が散乱している。

「下村さん、いますか？」

そう声をかけながら中に進むと、下村さんがうずくまっていた。こちらを振り向いた彼の目は血走り、手には肉をえぐられたネズミの死骸が握られていた。

八丈島

▼〝七人坊主の呪い〟を鎮める死の秘祭

東京都八丈島

文●桜木ピロコ

これは、私が学生の頃に体験した話だ。

あまりお金もないが、リゾートに行ってみたいということになり、当時、仲の良かった7人組で、八丈島へ遊びに行くことになった。グアムやサイパンと値段は大して変わらなかったが、まだ子供だったから、海外に行くのに怖気《おじけ》づいたのだ。

海がきれいで、自然も豊か。面白そうなアクティビティもある。八丈島までは、竹芝桟橋から船で行くルートを選んだ。10時間くらいかかるが、7人でしゃべっていれば、きっとあっという間だろう。

グループのうちの雨宮（仮名）は変わり者で、自身のことをオカルトマニアだと自称している。どこに行くときも、事前にその土地にまつわる怖い話を調べてくるのだ。この時も、船の中で、八丈島の言い伝えや心霊スポットなんかを自慢げにみんなに披露していた。

「流人の島だからさ、いろいろあるんだよ。なかでもヤバいのが〝七人坊主の呪い〟って話。1500年頃に、八丈島に流れ着いた坊さんたちを、島の人たちが殺したかなんかしたわけだよ。で、その呪いがいまも続いていて、何年かに一度、7人が急に死んだり、行方不明になったりするんだって」

女の子たちは怖がっていたが、くだらない話を雨宮がし続けてくれたおかげで、10時間の船旅は退屈しなかった。季節は夏。藍色にきらめく八丈島の海を見て、7人で大はしゃぎしたことを覚えている。青春の一ページを彩る夏休みが始まると胸躍らせた。

「なぁ。さっきの七人坊主の話、面白いだろ？　あれってさ、続きがあるんだよ。いまでも、八丈島の人たちは、その坊主の霊に生贄を捧げてるとか、知られてない秘祭があるとかな。俺、週刊誌で働くのが夢なんだ。この旅行中にその秘祭っていうのを撮影したいのよぉ。それを持って就職活動すれば、絶対有利じゃん」

息巻く雨宮に、馬場（仮名）が皮肉顔で、

「お前さ、それ誰から聞いたの？　そもそもそれって本当の話なのかよ？　いつもの妄想なんじゃねぇのか」

と言った。

「2ちゃんねるに載ってたんだよ！　2ちゃんねるは世に知られてないすっげぇ話がいっぱいリークされてんだぞ！　俺は絶対に秘祭を撮影するんだ」

情報源が2ちゃんねるとは、少し笑ってしまったが、雨宮の顔は大真面目だった。

予約していた民宿は、海に近く、人のよさそうなおじさんとおばさんが経営していた。夜はうまい魚料理をたらふく食べて、酒盛りをした。理想どおりの八丈島での夏だ。7人でこの民宿に5泊する。海へ山へと忙しく出かけ、よく飲み、よく食べた。女のコたちは、黄八丈（八丈島の絹織物）の工場を見学したり、滝巡りなんかをして、盛り上がっていた。

ただ一人、雨宮だけが、2ちゃんねるで仕入れた情報をたどり、あちらこちらと八丈島を駆け回っていた。

七人坊主への生贄

滞在して3日が過ぎ、私は島の時間にも慣れ、手持ち無沙汰だった。そこで、気まぐれで雨宮の探索に付き合うことにした。

「あらゆる情報を網羅したぜ。思うに、秘祭と七人坊主への生贄はひとつっぽいんだよな。1994年の事件覚えてるか？　八丈町三根の火葬場で、身元不明の7柱の遺骨が発見されたっての。俺は、あれは七人坊主への生贄だと思うんだ。七人坊主へ生贄を捧げる儀式が、秘祭なんだよ。場所はあの神社だ。目星はついてんだ」

雨宮の真剣な顔が妙に恐ろしく、絶対に止めなくてはならないと感じた。

「いや。待てって。お前の言っているとおりだったとして、バレないで撮れるの？　バレたらどうすんだよ？」

「だからぁ、お前が見張っててくれよな」

雨宮の予測では、今夜が秘祭の最終日だという。最終日には何かが起こる。でも、最終日を目撃した者で、戻ってきた者はいない。2ちゃんねるにそう書き込みがあったそうだ。好奇心だった。これまで、ずっと平凡な生活を送ってきて、冒険などしたことがない。リゾートでの夏休みだ。こんなときくらい、冒険の主人公になってもいいんじゃないかと思った。22時を回った頃、雨宮と一緒に民宿を抜け出した。

神社は海沿いではなく、山のほうにあった。歩きや自転車では少し遠い。レンタカーを借りておいてよかった。雨宮の本気にどんどん気圧《けお》され、もう、秘祭を見ることしか考えられない。不安も恐怖もなく、あるのは興奮だけだった。胸は早鐘のように打ち、血の流れる感覚がわかる。一言も話さずに、白っぽい鳥居をくぐり、社へ続く石段を登っていく。明かりはついているが、話し声はない。

島の夜は、月の光が本当に明るい。スポットライトを当てたように、境内を照らしている。対《つい》の松明《たいまつ》の火が燃えている。

雑木林の中に身を潜め、40分ほどたっただろうか。虫の声も聞こえない真夜中12時が訪れた。

白い山伏《やまぶし》のような格好をした初老の男性が7人、社の扉を開けて境内へ降りてきた。おかしな様子はなく、談笑さえしている。

「今年は簡単だった」「すぐに見つかってよかった」

そんなことを口々に言っていたと思う。

「始めるか」

男たちが動き出した。雨宮はカメラを構え、じっと男たちの方を向いている。真新しいむしろが境内に7枚敷かれた。秘祭の最終日という目算は間違いではなかったようだ。胃液が逆流してきて、吐きそうだった。

しばらくすると男たちは社へ戻り、それから一人が一人、白い着物を着た人間を抱えて出てきた。後ろから胸のあたりに手を回し、引きずるように運んでいる。ぶらりと垂れた腕や動かない足、直角に曲がった首を見て、すぐに「死体だ」と気がついた。

ずるずると運んだ死体を、むしろの上に一体一体並べていく。真新しいもの、白骨化し髪の毛しかないもの、腐敗し、肉が流れ、蛆《うじ》が湧いているもの、男、女、子供。様々な死体が7体だ。雨宮は夢中でカメラを回している。

別に禰宜《ねぎ》らしき人物が巻物を読み上げているが、何を言っているのかまったくわからない。かなり長い巻物で、右手で、読み終えた部分をどんどん繰り出していく。日本語ではないように聞こえる。「ら」や「み」という単語が辛うじてわかるくらいだ。

7人の男たちは死体の頭側にあぐらをかき、神妙な面持ちで、呪文に聞き入っている。トランス状態なのか、座ったまま体が大きく左右に動いたり、首を前後に動かしている者もいた。

恐怖と緊張で失禁

何時間たったのか。ビデオテープを何度も換え、撮影を続ける雨宮と、変わらない境内の様子に、すっかりなじんでしまった。

「ちょっとトイレ」

そう言って、雑木林から動き始めた矢先、雨宮が境内に飛び出した。

「あの。それって生贄ですよね⁉　どこから集めたんですか？」

大声で質問し、カメラをかまえながら男たちの前に進んで行く。私は思わずかがみ込み、身を隠した。

「なんだッ！　ここは立ち入り禁止だぞ‼　そのカメラはなんだ！」

7人のなかでもいちばん体格のいい男が、雨宮のカメラを奪い取り、肩をつかんだ。

「あんたたち、この死体どうしたんだよ⁉　殺したんじゃないのか⁉　これ、何してんだよ」

あっという間に取り囲まれた雨宮は腹や顔を殴られ、社の中に引きずり込まれてしまった。

一部始終を目撃し、恐怖と緊張で私は失禁していた。飛び出して助けることもできず、人を呼ぶこともできず、必死で民宿までレンタカーを運転し、逃げ帰ったのだ。

それ以来、雨宮の行方はわかっていない。「変わったやつだったから、失踪したのだろう」「女性に告白してフラれたらしい」「就職活動に悩んでいたから自殺したんじゃないか」「どこかから海に落ちたんだろう」。みんなは口々にいろいろなことを言った。それは、友だちに対する言葉とは思えない酷薄なものだった。

結局、雨宮は見つからず、警察の捜索もすぐに打ち切りになった。あの、おかしな男たちにどこに連れていかれたのか、生きているのか死んでいるのかもわからない。若かった私は、自分が責められるのが怖くて口を噤《つぐ》んだのだ。

坊主たちが、雨宮にまとわりつき、しがみつき、ケタケタと笑いながら、社の奥に消えていくのを見た。本当はそれが恐ろしくて、口を噤んだ。口を開けばこちらに障《さわ》りがくるような気がして怖かったのだ。呪いを認めたくなかった。

先日、何気なく手にとった本に、この八丈島での私の体験と同じことが書かれていた。出版社に連絡し、書いた方を紹介してもらうつもりだ。もしかしたら、雨宮の行方がわかるかもしれない。明日、電話しようと思っている。

首切り坂

▼「その坂で転ぶと半年以内に死亡する」

栃木県宇都宮市

文●樋口 丈

栃木から上京して、テレビの制作会社のカメラマンになって6年目の冬。すっかり地元のことなど忘れていた頃、高校時代の悪友・児島（仮名）から何年ぶりかに電話がかかってきた。児島とは高校時代はしょっちゅうツルんでいたが、私は大学進学で上京し、彼は家業である酒屋を継いだので、ここ数年は疎遠になっていた。

「もしもし、西野？　俺、俺。久しぶり。お前、いま、東京でカメラマンやってんだよね？」

「まあ、そうだけど。何？　どうしたの？」

「いやー、俺も遅ればせながら、いよいよYouTuberデビューしようと思ってさ。それでお前にカメラ回してもらえたりしないかなー？　と思って」

数年ぶりに電話してきたと思ったら、いきなりYouTuberデビューのお誘いとは……。いかにも高校時代はお調子者で、クラスでも目立っていた児島らしいといえば、児島らしい。

「で、YouTubeで、どんなことすんのよ？」

「とりあえず噂の検証的なチャンネルにしようと思ってて。最初のうちは、こっちの心霊スポットとか、事件のあった場所とか巡ろうと思ってんだけどさ。演者は俺がやるから、西野、カメラで手伝ってくんない？　往復の交通費とメシ代くらいは出すからさ」

そうは言われたものの、こちらも、せっかくの休みに栃木まで出向いてカメラを回したくはない。いくら悪友だった児島の頼みでも、やんわりとお断りした。

「そっかー。ま、そうだよな。仕方ない、西野以外の誰かを探して、とりあえず始めてみるわ。少しでも副収入を増やしたいしな。始めたら登録してくれよな」

「ああ、もちろん観るよ」

児島には言わなかったが、私が心霊スポットの類《たぐい》が苦手というのも断った理由のひとつだった。その3日後、彼からＬＩＮＥが届いた。

「カメラは柳（仮名）にやってもらうことにした。で、1発目の収録は『首切り坂』にするわ。まずは軽めにね」

首切り坂――。私の実家からは離れたエリアだったが、地元にいた頃、その坂の噂は聞いたことがあった。栃木県宇都宮市一条1丁目に2016年まで存在した旧一条中学校（現在は移転）の北にあった緩やかな坂の一帯は、江戸時代の処刑場跡地だったとかで、当時、その地にあった池では斬首された罪人の首が洗われていたという。そのためいまも罪人の怨念が残っており、女性の霊が出るとか、奇怪な音が聞こえるとか、いろんな噂があったのだ。そういえば、「その坂で転ぶと半年以内に死亡する」とかいう噂もあったっけ……。

なんにせよ、高校生だった11年前の我々にとって、そこは「江戸時代の処刑場跡地？　だから？」という程度の場所でしかなかった。特段、怖れるような場所でもなかったのだ。

「児島、死んだんだよ」

その後、児島とはとくに連絡を取り合うこともなく、いつもの日常に戻っていた。そうこうするうちに年が明け、気がつけば春も終わりに近づいた頃、私の携帯に登録のない番号から電話がかかってきた。

「もしもし、西野？　俺、柳」

柳は、児島が仲の良かった友達の一人で、児島がYouTubeでカメラを頼むことにしたと言っていた男だ。

「おー、久しぶり。なんか児島とYouTubeやるって聞いてたけど？」

「ああ。まあ、そうなんだけど……」

「あいつ、始めたら連絡するって言ってたのに全然連絡こないんだよ」

「そのことなんだけどさ、児島、死んだんだよ」

「え……」

絶句する私に、柳が告げた。

「あまりに急だったし、俺、西野の連絡先知らなかったから、連絡できなくて。この番号もお前のおふくろさんに聞いたんだけど、西野、近々こっちに出てこれない？　ちょっと話を聞いてほしくて」

児島が死んだ……。副収入を増やしたいからYouTubeを始めると張り切っていた、あのお調子者の児島が……。なぜ？　いったい、何があった？

翌日、私は仕事を休んで宇都宮に向かった。宇都宮駅から柳に指定されたカラオケボックスの部屋を訪れると、数年ぶりの再会を懐かしむ間もなく、柳は「これを見てくれよ」とスマホを私に渡してきた。そこに映っていたのは、首切り坂の前でYouTubeを撮影する児島の姿だった。

「はい、そんなわけで、首切り坂にやってまいりましたー！　なんでも『この坂で転ぶと半年以内に死亡する』なんていう噂もあるそうなんですけど、そんなこと、ホントにあるんでしょうか？　噂を検証すべく、まずは転んでみたいと思いまーす！」

そう言うと小走りで駆け出した児島がわざとらしく、派手にすっ転んでみせた。

「イッテー、痛いよ、バカヤロー！　というわけで、転んでみたわけですけどもね。この検証結果が出るまでに、半年はかかるんで。今日の検証結果は、半年後にまたお伝えします。では、今日はこのへんで！」

お調子者だった頃のノリは健在のまま、笑顔で手を振る児島の姿で動画は終わっていた。

「YouTube、始めるのは始めてたんだな」

「ああ。これが1回目の撮影でね」

2人は、動画の本数がある程度たまったところで毎週アップしていこうと考えていたそうだが、児島が死んでしまったことで、すべてお蔵入りになってしまったという。

「その撮影の3カ月後だよ、児島が車で事故って死んだのは……。聞いた話では、首の骨を折って即死だったって……。どう思う？　やっぱり、あいつ祟《たた》られたのかな？　俺、なんか怖くなっちゃってさ」

柳の問いかけに、すぐには言葉を返せなかった。本当にそんなことが起こるのだろうか？

その後、柳と一緒に児島の家を訪れた私は、仏壇に線香をあげさせてもらい、東京行きの新幹線に乗り込んだ。

首を吊って自殺したY

東京に戻ってからも、児島が死んだことを受け止め切れない自分がいた。行きつけの喫茶店で頼んだコーヒーがいつもより苦く感じる。その時、ふと高校時代に自殺した同級生Yのことが頭に浮かんだ。Yとは同じクラスになったことはなかったが、塾が同じだったので、塾で一緒になったときは会話をする機会があった。明るいやつで、いじめられるようなタイプではなかったはずだが、ある日、Yは首を吊って自殺したのだ。あいつ、なんで自殺したんだろう……？

思い出したのは、塾で会った帰り、Yが右足を引きずっていた光景だ。

「いやー、今朝、家の近くの坂で転んじゃってさ。ヒザ、めちゃめちゃ、すり剥いちゃったんだよ」

そうだ。あの時、Yはそんなことを言っていた。それははっきり覚えている。まさか……。そういえば、私の母親とYの母親はパート先が一緒だったはずだ。嫌な胸騒ぎがして、母に電話をかけた。

「児島くんのこと、残念だったわね……。あんた、仲良かったもんね」

「ああ、いまだに信じられないよ。さっき線香あげさせてもらってきた。ところで、おふくろ、高校の時、自殺しちゃったYって覚えてる？　おふくろ、Yのおばさんとパート先が一緒だったよね。あいつの実家って、どの辺だったっけ？」

「何よ、いきなり。ちょっと待って、えーっと、たしかあの辺よ。ほら、旧一条中学校のあったあたり」

ビンゴだ。あの時言っていた、Yが転んだ坂というのは、首切り坂に違いない。

「それがどうかしたの？　もしもし？　もしもし？」

Yが首を吊ったのも、ヒザをすり剥いたあの日からたしか半年もたっていなかったはずだ。こんなことって、あるだろうか？　背筋に寒いものが走り、スマホを握りしめる手の震えが、しばらくやむことはなかった。

佐敷隧道《さしきずいどう》

▼トンネルに生き埋めにされた犠牲者の〝呪い〟

熊本県葦北郡《あしきた》

これは10年前、私が熊本にある大学の3年生だった時、夏休みに体験した話だ。私は建築系のゼミに所属しており、その夏は「国内の登録有形文化財（建造物）に指定されている隧道の研究」というフィールドワークが課されていた。隧道とは、いわゆるトンネルのこと。文化財に指定されているような隧道は歴史が古く、古隧道の研究は建築技法の歴史を勉強するには非常に参考になるという。そうした理由で、私たちは貴重な夏休みにトンネルに行かねばならなかった。

「時間もないし、近場のトンネルで済まそうぜ」

そう発言したのは、私と同じグループの男・重野（仮名）だ。重野の発言に、藤森（仮名）、濱田（仮名）が同調する。わざわざ県外のほうまで足を延ばすグループもあるようだが、面倒くさがりの人間が4人集まってしまったのが、私たちのグループだった。

「そういえばサークルの先輩が、熊本に有名なトンネルがあるって言ってたな」

文●鶉野珠子

「近くにあるなら、そこで決まりにしようぜ」

濱田の提案に異論を唱える者は誰一人としていなかった。それもそのはず、今日中にフィールドワークを終えないと、次に4人の予定が合う日が新学期以降になってしまうからだ。トンネルへ行くなら今日しかない。

工事中の事故で出た多数の死者

濱田が父親から借りてきたハイエースに乗り込む。運転席の濱田がトンネルの名前を思い出しながら、カーナビに場所を入力していく。

「さ、し、き、ず、い、ど、う……」

濱田が声に出しながら入力した時、私の隣に座っていた重野が「えっ」と大きな声をあげた。

「どうした？」

前方に座る藤森が聞く。重野は難しい顔をしながら、「実は……」と続けた。

「その『佐敷隧道』って、ガチの心霊スポットだって噂があって……。明治時代につくられたそうなんだけど、工事中に相次いで事故が起きて、死者が大勢出た場所らしい。その事故で生き埋めにされた犠牲者の呪いなのか、トンネルの中に入ると、怪奇現象が起きるそうなんだ……」

重野の言葉に、一同が押し黙る。

「だけど、今日どこかしらのトンネルに行かないと課題がヤバいよな。なんとか明るいうちに行って、すぐに帰ってくれれば大丈夫だよ。とにかく行こうぜ」

重野が言うことはもっともだ。私たちは今日中にどこかのトンネルへ行かないといけない。距離を考えても、佐敷隧道以外に思い当たる場所もなかった。課題を後回しにしていたツケが、こんな形で回ってきたというのか。私たちは覚悟を決め、トンネルへ向かった。

普段は騒がしい私たちだったが、その日の道中はとても静かだった。一言も発せないような空気が4人を包む。

ようやくトンネルに到着した。当初の到着予定時刻はとうに過ぎていて、かろうじて日没前だが、あたりはひどく暗かった。

「建築技術自体は、立派だな……」

車を降りてトンネルを一瞥《いちべつ》し、重野がつぶやく。煉瓦づくりのトンネルは、たしかに精巧なつくりをしていた。それなりに長さもあるようだ。明治時代の技術で、100年以上も残る隧道をつくるには、相当な難工事だったはずだ。いったい、何人の犠牲者が出たのだろう……。

私がそんなことを考えていると、好奇心旺盛な藤森が「……中、入ってみないか？」と言った。他の全員が反対したが、藤森は強引に中へと進んでしまった。結局、全員でトンネルに入ることになった。

苦しそうにうめいている知らない男の声

トンネルの中は真っ暗だった。4人の足音が不気味に反響した。身を寄せ合いながら、暗闇の中を無言で進んでいく。先頭を歩く藤森も、さすがに口をつぐんでいるようだ。重野の右側に私、その後ろに濱田が続く。

中に入ってしばらく歩いてみたが、いっこうに出口が見えない。それどころか、藤森が「誰かに見られてる感じがしないか……？」などと言ってくる。

「そ、そういうのやめろよ!!」

「濱田こそ、デカい声出すなよ!!」

「藤森が変なこと言うからだろ!!」

藤森と濱田が大きな声で言い争っていると、重野が急に、2人以上の大声をあげた。

「うわあぁぁぁぁ　！！！！！」

「どうした？」

私が聞くと、重野は私の腕にしがみついて、こう言った。

「い、いま……2人が喧嘩してる時……俺の右の耳元で、知らない男の声がした」

「き、聞き間違いだろ」

濱田がそう言ったが、重野のすぐ前を歩いていた藤森が「俺も聞こえた……。苦しそうにうめいている声だった」と言ったことで、私たちは完全に、その場から動けなくなってしまった。

男4人でくっついているのに、寒気が止まらない。しかし、いつまでもトンネルの中にいるわけにもいかない。意を決したように沈黙を破ったのは、藤森だった。

「戻ろう!!」

藤森の声に奮《ふる》い立たされ、私たちは足を動かす。回れ右をして、いま来た道を戻ろうと歩き始めた瞬間、濱田が滑ってコケてしまった。それに動揺したのか、重野が一人、車が停めてある場所へと猛ダッシュした。私たちも走って追いかける。トンネルの外に出ると、重野が膝を抱えてうずくまっていた。

「大丈夫か？」

濱田が声をかけると、重野が涙まじりの声で叫んだ。

「足……左足を引っ張られた！　足首掴まれて、引っ張られた！　誰かに！　強い力で！引っ張られたんだよ!!」

「お、俺の足にぶつかった、とか……」

濱田が小さな声で言う。小声になったのは、きっと本人も、自分の足に重野の足が当たった感覚がなかったからだろう。だが、そういうことにでもしておかないと、重野の発言が本当になってしまう。私たちは結局ろくに調査もできず、逃げるようにして佐敷隧道をあとにした。

後日、課題をやり直そうとメンバーに連絡を取ってみたが、返事は散々だった。父親から借りたハイエースのフロントガラスが割れていた濱田と、「知らない男の声が聞こえた」と訴えた重野は、2人とも高熱で起き上がれないほど重症だった。さらに重野は「誰かに引っ張られた」と主張した左足首を骨折していて、全治3カ月だという。

きわめつきは、「トンネルへ行こう」「中へ入ろう」と、何かにつけ私たちを促した藤森だった。あの日の帰り道以来、誰も藤森と連絡が取れていない。10年たったいまも、行方不明のままだ。

顔振《かあぶり》峠

▼義経と弁慶の伝説の地に〝落ちてくる〟女

📍埼玉県飯能市・越生町《おごせまち》

私が愛子（仮名）と付き合い始めたのは、大学2年生の夏のこと。出会いはバイト先のカラオケ店だった。お互いに歴史が好きで、シフトもほぼ一緒。とくに平日は、社員一人と私と愛子の3人体制がほぼ鉄板だった。私たちが仲良くなるのにそう時間はかからず、ごく自然に交際が始まり、もう2年がたっている。

「お付き合いしている人がいるなら、一度連れてきなさい」

そう言ったのは、意外にも父だった。母から聞いた話によると、小さい頃から臆病《おくびょう》で内向的だった私と付き合ってくれる優しい女性に、ちゃんとお礼がしたいのだという。そういうわけで、私は愛子を実家がある埼玉県飯能市へ連れていくことにした。

実家の最寄り駅は、西武池袋線の終点駅であり、西武秩父線の始発駅の吾野《あがの》駅だ。池袋駅から特急に乗り、飯能駅で乗り換えて、ようやく到着する。

「愛子、疲れてない？」

文●鶉野珠子

「大丈夫よ、ありがとう」

口ではそう言うものの、もともと体が弱い愛子は、都心から飯能の山奥までの長旅でかなり疲弊しているようだった。愛子を支えながら駅舎を出ると、見慣れた父の車が停まっている。私たちが着く時間に合わせて、わざわざ迎えに来てくれたのだ。

「父さん、久しぶり」

「渉《わたる》（仮名）、お帰り。愛子さんも、遠いところをわざわざすみませんね」

「初めまして。お会いできてうれしいです」

「父さん。彼女は気分がすぐれないみたいなんだ。早く家に連れていってあげてくれないか？」

「わかった。さあ、後ろに乗ってください」

父の運転で実家へと向かう。母との挨拶もそこそこに、愛子を客間で休ませることにした。

数時間ほど横になった愛子は、私の両親と楽しそうに夕飯を囲めるまでに回復した。だが、愛子の表情がいつもより少しだけ暗い。おそらく「迷惑をかけてしまった」と思い悩んでいるのだろう。そんな心配はしなくてもいいのに。そう私が思っていると、母が愛子にこう告げた。

「愛子ちゃん、最近就活や卒論を頑張ってるって、渉から聞いたわよ。本当に立派だわ。いつも頑張ってるんだから、今日くらいは何も気にせずに休んでちょうだい」

「あ、ありがとうございます……」

母の言葉でいつもの調子を取り戻した愛子は、どんどん母と距離を縮めていく。話題は、私と愛子、そして母も大好きな歴史の話になった。

白装束の女や修行僧の霊

「あら！　愛子ちゃんも〝歴女〟なの⁉　うれしいわ。好きな武将は？」

「源義経です！　弁慶との主従関係が大好きで」

「だったら、この近くに義経と弁慶に縁のある場所があるわよ！」

「本当ですか⁉」

「そう。顔振峠っていうところなんだけど、『顔振』という名前が、義経と弁慶の逸話に由来しているといわれているの。傾斜がかなり急で登るときに弁慶が顔を振りながら登ったとか、周囲の景観があまりに美しくて何度も義経が振り返りながら登ったとか、そういう話が由来らしいわよ。夜は夜景もきれいだし、そうだ渉、愛子ちゃんを顔振峠に連れていってあげなさいよ」

「え⁉」

思わず素《す》っ頓狂《とんきょう》な声を出してしまったのには理由がある。実は顔振峠は、この近所に住む若者の間では「夜景の名所」の他に、「肝試しの名所」としても有名なのだ。先輩や友人から聞いた話だと、白装束の女の霊や、峠の近くで修行をしていた修行僧の霊が多数目撃されているという。

私は極度の怖がりで、怪談や肝試しはもちろん、お化け屋敷ですら苦手だ。心霊スポットへ足を運ぶなんて、もってのほかである。だが、さっきまで浮かない顔をしていた愛子が期待に胸を膨らませているところに水を差すのも忍びない。自分が怖いからというだけで愛子の楽しみを奪うのははばかられた。しかも、下戸《げこ》の私はこのなかで唯一アルコールを1滴も飲んでいない人間だ。顔振峠まで運転するなら、どう考えても私しか適任者がいない。

「……わかった。愛子、顔振峠に連れていくよ」

私は恐怖心を押し殺して、愛子を連れて父の車へと向かった。

愛子を助手席に乗せ、顔振峠を走る。街灯もまばらで、道幅も細いこの道は、もともと運転が苦手な私にとっては走りにくい道だった。様々な恐怖に襲われながらも、夜景が一望できる開けた場所に着いた。車を停めて、二人で夜景を眺める。その間も、愛子はずっと楽しそうな様子だった。恋人がうれしそうだと、こちらまでうれしくなる。怖かったが、頑張って来てよかったと、そう思った。

しかし帰り道で、私は「来るんじゃなかった」と、ひどく後悔することになる。


「女の人が……落ちてきた……」

時間にして30分くらいだろうか、秩父の夜景を堪能した私たちは、帰路についていた。

来る時より霧が濃くなったように感じたので、慎重に車を走らせる。

「なんか……ちょっと怖いね……」

顔振峠が心霊スポットだとは伝えていないが、やはり夜の山道は独特の雰囲気がある。愛子も怖くなってきたのか、助手席で流行りのJ－POPを歌い始めた。

「この間、二人で観に行った映画の主題歌よ」

「あー、そんな歌だったっけ」

私に思い出させるように、愛子がさっきより大きな声で歌う。すると、次の瞬間、愛子の歌声が叫び声に変わった。

「キャアアァァァ！！！！！！」

驚いて急ブレーキを踏む。「どうした⁉」と声をかけると、愛子は大きく目を見開き、両手で口を押さえ、震えていた。

「愛子⁉　どうしたんだ⁉」

「い……いま……フロントガラス……女の人が……落ちてきた……」

「はあ⁉」

「見てないの⁉　いま、目の前に、白い服で、髪の長い女の人が、落ちてきたじゃない！音もしたわよ！」

愛子の取り乱しようから、嘘をついて私をからかっているようには思えなかった。だが、私は女性の姿も見ていなければ、音も聞いていない。おそるおそる車を降りてあたりを確認しても、女性の姿はなかった。

「愛子、きっとまだ疲れてるんだよ」

「ほ、本当に女の人が落ちてきたのよ!!」

愛子をなだめながら、車に戻った。背中をさすって落ち着かせ、シートベルトを締めてあげる。私も自分のシートベルトを装着し、ハンドルを握って、車を発進させようと正面を向いた。

その時、フロントガラスには長髪の女が上から覆いかぶさるようにして張りつき、私たちを睨みつけていた。

そこから先のことは、ぼんやりとしか覚えていない。大急ぎで家に戻り、父とも母とも話さず、すぐに床についた。次の日に東京に帰り、ほどなくして「就活と卒論で忙しいから」と愛子とは疎遠《そえん》になり、そのまま自然消滅した。あの夜、顔振峠に行かなければ……。消えない後悔の念が、いまでも私のなかに渦巻いている。

周防大島《すおうおおしま》

▼絶対に通ってはいけない〝血に染まる〟山道

📍山口県周防大島町

文●田中俊行

これは神戸に住んでいる私の先輩、森田さん（仮名）が20年前に体験した話。

森田さんには山口県の周防大島に住む後藤さん（仮名）という友人がいて、たびたび、彼のもとに遊びに行っていた。その際、ドライブが趣味である森田さんは神戸から周防大島まで車で通っていたという。

20年前の夏も同じように遊びに行く約束をしたが、森田さんはわけあって夜遅くの出発になってしまった。普段であれば、日中に到着し、フェリー乗り場とは反対側にある後藤さん宅へ、ドライブがてら海岸沿いの道をのんびり走って向かうのだが、その日は夜遅くに島に着いた。

「友人を待たせてしまい申し訳ない」と思った森田さんは、いつもの島を周回するルートではなく、対角線上に山を突っ切っていく近道を走ろうと考えた。そのルートはこれまで一度も通ったことはなかったのだが、ドライブに慣れている森田さんは「ここからなら山を突っ切れる」という勘に従い、山道を走ったという。

初めは対向2車線の道路だったが、しばらく山を登るうちに1車線になり、ついには舗装されていない細い道になった。「道を間違ったか」と後悔しつつも、あまりの車道の細さに、Uターンもできない。森田さんは背の高い雑草が車の窓ガラスに擦れる音を聞きながら、「もう進むしかない」と仕方なくアクセルを踏み続けた。

不安になりながらも車を走らせていると、前方に淡く光る赤いライトが見えた。一瞬、森田さんは驚いたが、おそるおそる近づくと、どうやらそれはバイクのテールランプだった。ゆっくりとしたスピードではあるが、前方にバイクが走っていたのだ。

「よかった。人がおるいうことは、おそらく間違った道ではないんやろ」

こう安心した森田さんは、しばらくバイクとつかず離れずの距離を保つ。心の余裕も出てきた頃、「あのバイクの車種はなんやろ?」と、乗り物好きな森田さんは興味が湧いたという。そして、車種を確認するため、ぐっとバイクに近づいた。

2分ほど鳴り響いた轟音《ごうおん》

車のライトに照らされ、次第に明らかになるバイクの姿。

目にしたバイクに森田さんは驚いた。

なぜなら、前方を走るバイクはトーハツ（東京発動機株式会社）のランペットというバイクで、それは1960年代に製造されたかなり古い車種だったからだ。ランペットが、実際に走っている姿を初めて生で見た森田さんは興奮し、夜道の恐怖心もすっかり忘れていた。

「たしかランペットは排気音が特徴的やったな。独特な高い排気音をここで聞いておかな、もうお目にかかれないかもしれん」

そう思った森田さんはランペットの排気音を堪能しようと運転席の窓を開けた。しかし、すぐに〝ある異変〟に気づく。ランペットの排気音はおろか、自分の車のエンジン音、タイヤと道路の砂利が擦れる音すらまったく聞こえなかったというのだ。森田さんはしんと静まり返った無音の中にいたのである。

異常事態を悟った森田さんはブレーキをかけたが、そのブレーキ音も聞こえない。

「どういうことや……？」

混乱する森田さんだったが、次の瞬間、車の後方から、ある音が迫ってくることに気づいた。

それはラジオのノイズを何倍も大きくした「ザー！」という轟音で、あっという間に車全体を包んだという。驚いた森田さんはブレーキを踏んだまま目を伏せ、音がやむのを震えながら待った。

「ザー！　ザー！　ザー、ザー……」

2分ほど鳴り響いた轟音は波が引くようにやんだ。

「終わったんか？」

ふっと目を開けた森田さんは、先ほどの細い道とは違い、開けた場所にいたという。遠くに見える街の灯などから推察するに、どうやらそこは山頂付近のようだ。

前方には、変わらずランペットのテールライトが見える。しかし、ランペットは森田さんのことなど気にしていないように、山林の闇の中に消えていったという。

怖くなった森田さんは、「ここならUターンできる」と考え、来た道を引き返そうと車を切り返した。途中、バイクが消えていった方向をヘッドライトが照らす。照らされた先に、森田さんは登山客用につくられたと思われる朽ち果てた標識を目にした。

見るからに手づくりだとわかるその標識は、朽ち果てた杭の上にダンボール紙が貼られていて、「この先、人入るべからず」と手書きされていたという。

「入るべからず」とされている向こうに、ランペットは間違いなく消えていったのだ。

ゾッとした森田さんは、無我夢中で来た道を戻り、いつもの海沿いの周回ルートを走った。そして、友人の後藤さん宅に朝方到着した。

乾いた赤黒い血

「遅かったな。どうした？　事故でもあったんか？」

心配する後藤さんに迎えられた森田さんは、まくしたてるように先ほどの体験を語った。

後藤さんはひととおり話を聞き終えたあと、不思議そうに森田さんに問いかけた。

「わかった。わかった。それよりも、お前、背中大丈夫なんか？」

「え？」

森田さんはなんのことかわからなかったが、Tシャツの背中部分を前にたぐり寄せる。

「なんやこれ……」

森田さんのTシャツの背中には、血がべったりとついていた。それも真っ赤な鮮血ではなく、付着から数日たったように乾いた赤黒い血だった。

「怪我した覚えはないんやけど……」

森田さんは自分の背中を触ったが、当然チクリとも痛みを感じない。Tシャツを脱いで後藤さんに見てもらったが、背中には傷ひとつついていなかったという。車に駆け寄ると、運転席にもべっとりと血がついていた。

「こんなん知らんて！　どうなってんねや！」

うろたえる森田さんを後藤さんはとりあえず家の中に入れた。それと同時に玄関先での2人の騒ぎを聞きつけた後藤さんの父親が部屋から出てきた。

森田さんは、後藤さんの父親にもさっきの出来事を話した。すると、話を聞いていた父親は「もしかして……」と何かに気づいたように声を漏らした。そして、次のように語ったという。

「ちょうど、いまぐらいの時期やな。何十年も前に、この島の学校で先生をやってた人が、あの山道でバイクで転倒して死んだことがあったんよ。もしかしたら、森田くんが見たのは、その先生だったんとちゃうかなあ」

それから森田さんは、島に行っても、決して山道を通ることはなかったという。

葛城山《かつらぎさん》

▼「修験の聖地」に現れる〝奇妙〟すぎる子供

奈良県御所市・大阪府南河内郡千早赤阪村

奈良県と大阪府の境に位置し、日本三百名山にも選定されている葛城山。北の二上山《にじょうさん》や南の金剛山《こんごうさん》を含め、一帯は金剛山地と呼ばれ、修験道《しゅげんどう》の開祖とされる役行者《えんのぎょうじゃ》が初めて修行を積んだ場所だ。そのため、吉野・大峯と並ぶ「修験の聖地」と称され、様々な伝承や伝説が残っている。

そんな霊験《れいげん》あらたかな葛城山のふもとでカフェを経営しているオーナーの佐藤さん（仮名）は、自身が体験した不思議な話を聞かせてくれた。

葛城山は5月に見頃を迎えるツツジが有名なのだが、「普段はそれほど観光客で賑わうこともなく、うちには修験道の関係者やツーリング客がたまに立ち寄る程度」と佐藤さんが話すように、それほど混雑する店ではなかった。

5年前のある日のこと。夕方近くになり、お客もいなかったため、佐藤さんはいつもどおり、片づけなどの閉店作業をしていた。外に置いてある看板も中に入れようと、店外に

文●田中俊行

出たのだが、その時、店先で奇妙な男の子を発見する。

背格好は小学校低学年ほどで、まだあどけなさが残っているのだが、みすぼらしいほどボロボロの半袖と短パンを着ている。坊主頭で奇妙な出で立ちの男の子は、「とても現代の子供には見えず、昭和初期のような雰囲気が漂っていた」と佐藤さんは感じたという。

喫茶店が何かを知らない男の子

「家出か、それとも誘拐など、何か事件に巻き込まれているのかもしれない」

佐藤さんは、頃合いを見計らって警察に通報しようと思った。ひとまず保護も兼ねて店内に入れるため、声をかけようとしたところ、男の子が突然口を開いた。

「おっちゃん！　ここ、なんの店や！」

佐藤さんによると、男の子の話し方は地元の方言とも違う独特のイントネーションで、「昔のおっさんのようなしゃべり方」だったという。

「ここはカフェ、喫茶店や」

佐藤さんは答えたが、男の子は眉間にしわを寄せて、再びこう聞いた。

「喫茶店？　それは何するとこや！」

「喫茶店を知らないなんて変な子やな」と思いつつ佐藤さんは、「お茶を飲んだり、ご飯を食べたりして休むとこや」と可能なかぎり喫茶店の説明をした。

「ああ、そうなんか！」

納得した様子で男の子は答える。彼の言動に違和感を払拭できない佐藤さんだったが、「お腹が減ってないか」と聞き、店内へ招いた。男の子は「減ってるな！　じゃあ、入らせてもらうわ！」とぶっきらぼうに言いながら入ってきたという。

テーブルについた男の子は、佐藤さんから渡されたメニュー表をまじまじと見ていた。

「おっちゃん、これなんや！」

そう言いながら、男の子が指さしたのはカレーライスの写真だった。佐藤さんが「カレーいうたら、ご飯があって、ルーをかけたやつや」と答えると、「ライスカレーかいな！　ライスカレーならワシ好きやで」と男の子は言う。

「ライスカレー？　ずいぶん古い言い方する子やなあ」

そう思いながらも、佐藤さんはカレーをつくってあげたという。

カレーが到着するやいなや男の子は「うまい！　うまいなあ！　このライスカレー、うまいな！」と言いながらガツガツ食べ続け、ピッチャーに入った水もコップに注ぎながらゴクゴクと飲んでいた。

元気に食べている姿を見た佐藤さんは「ちょっと、片づけあるから食べててな」と言い、キッチンでやり残していた皿洗いに向かったという。その間も食器とスプーンが擦れるカチャカチャという音を立てながら、男の子は夢中でカレーを食べている様子だった。男の子に背を向けながら皿を洗い、警察に電話するタイミングをうかがっていたその時、うるさいほど鳴っていた「カチャカチャ」という音がピタリとやんだ。

不思議に思い、テーブルを見ると、男の子の姿がない。

「うわ、逃げてもうた」

佐藤さんはテーブルまで駆け寄ったが、カレーも水も手つかずのまま残されている。さっきまで聞こえていた食器とスプーンの音が嘘のように、テーブルには盛りつけたままの温かいカレーと水が満タンに入ったピッチャー、空っぽのコップがあった。

慌てて、佐藤さんは店の外に出て、あたりを見回したが、どこにも男の子の姿はなかったという。それっきり男の子を見ることはなかった。

喫茶店はなぜか大人気店に

後日、佐藤さんは近所の寺に用事があり、そこの住職を訪ねた。住職とは懇意にしており、月に何度か顔を合わせる仲だ。

その時、佐藤さんは先日の男の子の話を住職にしたという。すると、話を聞いた住職はうなずきながら、笑顔でこう佐藤さんに語った。

「佐藤さん、それは素晴らしいことをしましたねえ」

「はい？　どういうことですか？」

戸惑う佐藤さんに向かって、住職は次のように続けた。

「この地域には古くから伝わる、ある伝承があるのです。それは、ある日、突然みすぼらしい格好の人が家や店の前に立っていることから始まります。その人を追い払ってしまうと、よくないことが起き、家が没落したり商売が衰退してしまう。しかし、その人を中に招いて、ご飯などの施しをするとお店が繁盛したり、家業が栄えたり、いいことが起きる。そういう伝承があると、この地域では昔からいわれています。佐藤さんは施しを与えたので、今後お店は繁盛すると思いますよ」

「はあ、そうなんですか」

住職の言葉を半信半疑で聞いた佐藤さん。しかし、それから間もなくして、佐藤さんの喫茶店はかつてとは見違えるほどの人気店になったという。ツーリング客がまばらに来るくらいだった店には、不思議なことに、現在では観光客など多くの人が訪れている。

「いまでは本当にあの男の子のおかげだったと感謝しています。ただ、あの時、店内に招かず、邪険にしていたら、いま頃どうなってたんやろ……。そう思うと、鳥肌が立ちますね」

佐藤さんは当時を思い出して、そうつぶやいた。店はコロナ禍に負けず、いまだに繁盛しているという。

「おっちゃん！　ここ、なんの店や！」

男の子はぶっきらぼうに話しながら、今日もどこかの家の前に立っているのかもしれない。見かけた際は優しく接することをおすすめする。

廃病院のお経

◆都市ボーイズ・岸本 誠

　これは僕が実際に体験した話です。ある日、廃病院で百物語をするという企画で、旧N病院に訪れました。主催者の有名芸人と都市ボーイズ、その他大勢の若手芸人、計１００人で実際に百物語をしました。しかし、売れてない若手芸人が多かったので、目立ちたい一心でムダに騒ぐ人がいたりとイベントは中だるみしていました。不思議な現象も一向に起こりません。そんななか、急に僕の後ろ側でお経が聞こえたのです。僕はスタッフが仕込んでいると思って笑いそうになりましたが、なんとかこらえ、イベントは終了。イベントの愚痴をそれぞれの参加者が語っていたので、僕も「あのお経はひどかった」と話しました。しかし、誰一人お経を聞いた人はいなかったのです。

　後日、霊感を持つ芸人に、この体験を話すと「お経は死人が最後に聞くものだから、残留思念として残りやすい」と言っていました。あの時は、思念と偶然波長が合ってしまったのかもしれません。

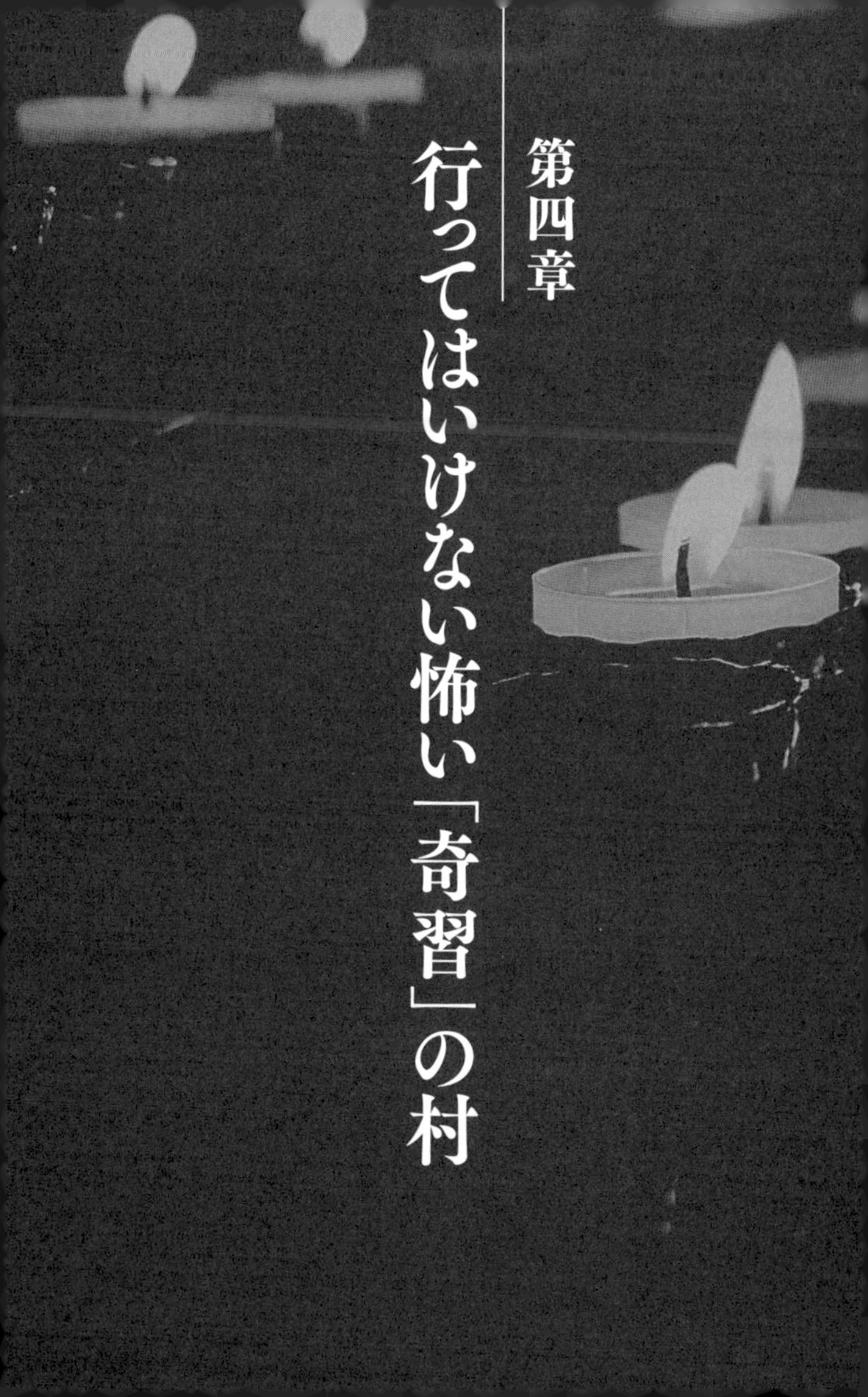

第四章
行ってはいけない怖い「奇習」の村

神降ろし

▼華やかな大祭の裏で行われる〝飢えと孤独〟の秘儀

福岡県北九州市某所

私のSNSには、怪談をはじめ、様々な奇怪な話が寄せられる。そのなかには、古くから続く〝村の因習〟に関するエピソードも少なくない。そしてこれも、とある集落で生まれ育った女性に聞いた、土地と人にまつわる恐ろしいしきたりの話だ。

1950年代後半、北九州の山奥に位置する村で生を享《う》けた美津子さん（仮名）。彼女の父方の一族は、出雲の国（現在の島根県東部）からその土地にやってきた神官の末裔で、自らを「宮柱《みやばしら》」と呼び、代々神社を守っているという。

もともと、その集落は奈良時代前期まで、育てた木を切り出して木材にしながら生計を立てる「杣人《そまびと》」の村だった。そこに突然現れた宮柱は、杣人たちから土地を召し上げて、神殿を建てたという。先住者の怒りを買う一方で、宮柱は原始的な生活をしていた杣人に文化と信仰、そして神道を軸にした秩序をもたらした。そうした経緯から、集落の人々は宮柱を敬《うやま》いつつも、土地を奪われた先代の恨みを抱え、いまも裕福な生活を送る彼らを深

取材協力●川奈まり子　構成●萌木冴子

く妬《ねた》み続けている。「宮柱」と「杣人」の間には、深い溝があるのだ。

私が美津子さんから聞いた話のなかで、因習の忌《い》まわしさを感じたのは、集落の年中行事「例大祭」の時に行う特別な儀式だ。

6年連続で巫女に選ばれ……

美津子さんの集落では、毎年5月に五穀豊穣、悪疫退散、人畜無災を祈る大祭が行われる。周辺地域から、巨大な山笠を掲げた行列が神社まで巡幸する盛大な祭事だ。しかし、華やかな例大祭は、あくまで〝表〟の儀式。夜になると、宮柱と集落の人々のみが知る「神降ろし」という秘儀が行われる。その名のとおり、人に神を降ろす儀式だという。

神降ろしの巫女《みこ》は、宮柱の一族の娘たちのなかから〝くじ引き〟によって選ばれる。対象になるのは、6歳以上の穢《けが》れを知らない処女。そして美津子さんは、8歳から13歳までの6年間、毎年神降ろしの巫女に選ばれたという。

「くじ引きで神様に選ばれることは、私たちにとって名誉であり、とても誇らしく、幼心に使命感を覚えました。ただ、巫女になるたびに〝飢えと孤独〟に耐える覚悟も必要だったのです」

彼女の言う「覚悟」とは、大祭前に心身を清める「潔斎《けっさい》」に臨む覚悟。神降ろしの巫女は、大祭前の1週間、断食をしなければならなかったのだ。

潔斎中の朝晩の食事は、お粥《かゆ》に始まり、それが徐々に薄められて重湯《おもゆ》になり、最後の2、

3日はおかずの漬物もなくなり、最終的に完全な絶食となる。その間も学校に通っていた美津子さんは、お昼の給食の時間も白湯《さゆ》だけで過ごさなければならなかった。

本来、子供たち全員に給食を提供するはずの学校も、彼女の断食を黙認しており、当然のように、美津子さんにだけ給食が配られなかったという。

外部の者から見ると異様な光景だが、この集落ではごく普通のこと。そのため、周囲に彼女をからかう子供もいなければ、誰からも労《いたわ》られず、同情もされなかった。村の外から来たはずの担任教師でさえ、何も言わなかったという。もしも外から来た人間が、集落をあげて行う大切な儀式に口出ししようものなら、まさに村八分にされるおそれがあったのだろう。潔斎の時期は、彼女の机の周りだけ、透明なシャッターが降りるのだ。私は、古くから伝わる異常な俗習が、その集落の〝日常〟になっている状況に、恐怖を感じた。

生命の危機

そして待ちに待った大祭の夜、神降ろしは神社の境内の外にある、専用の小屋で行われる。潔斎を経た巫女には、化粧が施され、白い巫女の着物を纏《まと》い、神社の者に手を引かれて小屋に歩いていくという。美津子さんは、この時の感覚についてこう語る。

「お腹も空いて頭がぼんやりしているのに、五感が研ぎ澄まされているんです。とくに水の音には敏感になりました。神降ろしの夜は、遠くで落ちた水滴の音も聞こえましたね」

彼女が小屋の中にいる間、続々と集落の人々が訪ねてきて、美津子さんに様々な相談をする。農作物の実り具合、害虫の相談、果ては家族の問題や結婚に関する悩みなど、その内容は多岐にわたる。ただ、どれも小学生には答えられない質問ばかりだった。

「でも、神降ろしの時は、何を聞かれてもしっかり答えられました。飢えと眠気で頭が働かないのに、口が勝手に動いて、大人のように話をしていたものです。不思議なことに、神降ろしが終わると、その夜聞いた質問の内容も、自分が答えたことも、何も思い出せませんでした」

神降ろしは、朝日が昇るまで一晩中続く。相談者たちは、果物やお菓子を巫女に捧げるため、「終わる頃にはごちそうの山が築かれていました」と、美津子さんは振り返る。

「すぐにでも食べたかったのですが、断食で胃が小さくなっているので、3日ほどかけて重湯から普通の食事に戻さなければなりませんでした。いま思い返しても、潔斎はつらい記憶です」

成長期の女の子が、1週間も十分な食事をとれない状況は、生命の危機にもつながる。もちろん60年以上も前にあった儀式なので、いまも行われているとは考えにくいが、土地の因習に縛られて、少女が飢えに苦しんでいた事実を思うと胸が痛む。

「何より、私の母は他の土地から嫁いできたからか、集落や宮柱の習わしに従おうと必死だったように思います。毎年、並々ならぬ想いで大祭に取り組んでいたので、巫女に選ばれた私に対しても、厳しく接する一面がありました」

彼女の母もまた、巫女の家系の出身だという。宮柱の嫁にふさわしいとされて嫁いできたが、初めのうちはなかなか土地になじめず、苦労したそうだ。

美津子さんが巫女を務めた「神降ろし」のように、現代ではありえないような祭りが、かつての日本では各地で行われていた。東北地方のとある村では、子供を海に突き落として龍神様に捧げるという、おぞましい祭事が実在していた疑いがある。しかし、その祭りも時代とともに変化し、穏便なものに変わっていった。

もしかしたら、あなたが何気なく参加しているその祭りも、大昔には人を人とも思わない、因習まみれの祭事だったのかもしれない……。

死に物狂いで餅を担ぐ祭り

◆都市ボーイズ・早瀬康広

岡山県の某地域で、お正月に「１００キロ以上の餅を担いでいちばん長い距離を歩けた男性はその年の福男になれる」という祭りがあります。昔、福男は神様のように崇《あが》められ、何をしても許される存在だったそうです。いまから40年前にもある男性が福男に選ばれました。彼は歴代でも最長レベルの距離を歩いたそうです。

そして、祭りの次の日、男性は自分の息子を殺しました。福男になればなんでも許される——彼は憎んでいた息子を殺すため、死に物狂いで餅を担いだのです。結果的に、周辺の住民は「福男だから」とみな目をつぶり、事件化しませんでした。いまだに、その男性の家族は村に住んでいるそうです。

おっとい嫁じょ

▼現代に残る「誘拐婚」という凶悪犯罪の風習

📍鹿児島県某所

「誘拐婚」――。女性を無理やり連れ去って妻にしてしまうというもので、現在も世界各地にその風習が少なからず残っており、かつては日本でも当たり前に存在した。

有名な昔話の「物くさ太郎（ものぐさ太郎）」では、太郎が「辻取《つじとり》」（路上で女性をさらって妻や妾にすること）と称して、たまたま通りがかった貴族の女官に強引に求婚し、奉公先にまで押しかけて結婚を承諾させるというエピソードがある。

現代なら間違いなく犯罪行為で警察沙汰になるような行為だが、話の成立当時はもちろん、太郎の倫理観を責めるような意見は近代までほとんどなかった。どれだけ日本で「誘拐婚」が当然のように受け入れられていたのか、それを物語る証左とも言えるだろう。

近代まで「誘拐婚」が実在していたことが明らかになる事件もあった。

１９５９年（昭和34年）、鹿児島県・大隅半島の串良町（現在の鹿屋《かのや》市）で強姦致傷事件が発生した。逮捕されたのは、義兄から強く結婚を勧められていた地元の青年・Aだった。

文●佐藤勇馬

Aは当時20歳の被害者・B子さんに惚れて求婚し、二度にわたってアタックするもB子さんの兄を通じて断られていた。諦め切れなかったAはいとこや叔父の協力によってB子さんを拉致し、結婚を嫌がる彼女を従わせるために強姦に及んだ。

当然ながらAは逮捕され、もはや言い逃れようのない凶悪事件だと思えた。ところが、裁判では弁護人から驚きの発言があった。「Aの行動は地域で適法視されていた『おっとい嫁じょ』の風習に則《のっと》ったもので、違法の認識はなかった」として、無罪を主張したのである。

鹿児島弁で「おっとい」は「盗む・奪い去る」の意。「おっとい嫁じょ」は、標準語にすれば「嫁盗み」となり、鹿児島の一部地域では古くからそういった誘拐婚の風習があったのだ。幼い頃からそれが常識であると刷り込まれていたため、違法行為の認識がなかったというのである。

また、親族や地元住民たちも「お上が地元の風習に介入するのか」「おっとい嫁じょの何が悪いのか」といった声をあげ、Aを擁護する始末だった。

本来であれば容易に有罪判決が出るはずだった同事件は最高裁まで争われ、結果的には懲役3年の実刑判決が下っている。この一件によって、高度経済成長期の日本においても「誘拐婚」の風習が残っていたという衝撃的な事実が明らかになった。

実はこの風習は、現代でもまだ一部の地域で根強く残っているとも噂されている。そして、私はある理由でそれが事実であることを知っている。

なぜなら、知人のオカルト系ライターの女性がその証拠となる手記を綴っていたからだ。

彼女は非常に仕事熱心で、オカルト系の記事を執筆するときはできるだけ現地取材をすることを心がけているタイプだった。20代でかわいらしいルックスなのだが、まったく物怖じせずに体当たりで取材をしていく。くたびれた中年ライターの私は、そのような若い女性同業者がいることを頼もしく感じると同時に、いつか危険な目に遭うのではないかと心配していた。

その心配が現実になったのが問題の手記だ。ここからは彼女の手記を一部抜粋して転載する。

ある女性ライターの手記

私の仕事用のメールアドレスに読者から情報提供があった。「おっとい嫁じょ」という誘拐婚の風習が現存している地域があるというのだ。いまの日本でそんなことをやったらすぐに警察のお世話になりそうだけど、情報提供者によると地域ぐるみで隠しているんだって……。あり得ないとは思うけど面白いネタになりそう。私は思い切って鹿児島へ飛んでみることにした。

情報提供を頼りに鹿児島の町に到着した。地元の住人たちに話を訊いてみると、やっぱりほとんどの人は「まったく知らない」って反応だった。たまにお年寄りが「昔あったと聞いたことがある」と答えてくれるだけ。風習が現存しているという情報はなく、空振りで終わりそうだった。

途方に暮れてぶらついていたら、40歳くらいの男性が「おっとい嫁じょのことを調べてるんだって？」と話しかけてきた。これは期待できそうだと思って名刺を渡し、男性から話を聞いてみたけど、なぜか出てくる言葉は「結婚してるの？」「彼氏いる？」とか関係ないことばかり……。ついには「ウチに来なよ」と言いだすから、私は「ナ、ナンパ……？」って心の中でツッコミを入れつつ、うまくかわして移動しようとした。

しかし、男性はなかなか放してくれない。1時間以上もナンパ行為で足止めされた私は頭にきて、ついに「いい加減にしろよ！」と声を荒らげてしまった。そのおかげでやっと解放されたんだけど、去り際に「おっとい嫁じょのこと教えてあげるから家に行ってもいい？」と言ってきた。当然、私は男性の言葉を完全に無視してその場から立ち去った。

◇

今日、心臓が止まりそうになる出来事があった。私が住むアパートの前に停められたワンボックスカーの運転席にあの男がいたのだ。男は私を見つけると車から降りてきて、血の気の引いた私の顔を見ながら、「名刺」と言った。そうだ、私の名刺には住所が書いてある。危ないからやめたほうがいいと忠告されて次に刷る分からは消そうと思っていたのだが、彼に渡した名刺にはアパートの住所がしっかり書かれていたのだった。

「おっとい嫁じょのこと、ちゃんと調べてきたから教えてあげるよ」

そう男は言った。普通ならありがたい申し出だけど、わざわざ鹿児島から東京まで、しかも一度会っただけの女の家に直接やって来るのは異常性しか感じない。

「それは私からお願いしたわけではありません。それに自宅に来られるのはとても困りますから、すみませんがお引き取りください」

相手を刺激しないように、できるだけ感情をこめずに私は彼にそう告げ、急いで部屋に戻った。カーテンのすき間から表をのぞき見ると、車から別の男が2人降りてきてこちらを見ながら何か話していたが、そのうち車に乗って去っていった。

その翌日も男は現れた。インターホンが鳴って「宅配便です！」という声がするのでドアを開けると、あの男が立っていたのだ。

「いや、避けられちゃっているのかなと思って。迷惑かけてごめんって謝りたくてさ」

男は悪びれる様子もなく、不気味な笑顔を浮かべてそう言った。さすがにもう我慢できない。

「帰らないと警察呼びますよ！　もう来ないでください！」

男はドアに手をかけていたが、私の声にひるんだのか手を引っ込め、そのすきに私はドアを閉めた。チェーンをかけて応対したのでよかったが、もしそうでなかったらと思うと冷や汗が出る。

万一、明日もアパートに押しかけてくるようなら警察を呼ぼう。おっとい嫁じょの取材をしていたはずなのに、これじゃまるで私がその標的になっているみたいだ。もちろん、そんな風習がいまも残っているはずはないのだろうけど。

「行方不明者」となった女性ライター

ここで手記は唐突に終わっている。彼女はこの手記を残し、アパートから忽然と姿を消したのだった。ご家族から手記のことを相談された私は、この内容を根拠に「誘拐されたかもしれない」と警察に訴えた。しかし捜査の結果、怪しい男がアパートに押しかけていたという目撃情報や証拠はいっさい見つからず、手記は彼女の創作だろうと警察によって判断された。

私は手記を頼りに鹿児島にも行ってみたが、彼女と話したという人はおらず、姿を見かけたという人すらまったくいなかった。煙のように存在そのものが消えてしまったのだ。私のような無力な物書きには、もうどうしてやることもできなかった。

彼女は「行方不明者」として扱われ、いまどうしているのか誰も知らない。

神奈川県小田原市

七五三の呪い

▼童謡「通りゃんせ」に込められた〝死〟の意味

神奈川県小田原市の東部に位置する国府津《こうづ》地区。その土地に「女の子が必ず7歳までに死んでしまう家系」があるという。私がそんな話を耳にしたのは5年ほど前だった。

ライターであり、当時オカルト系記事を中心に書いていた私は、懇意にしていた女性霊媒師の木村さん（仮名）からこう聞かされた。

「代々、その家系に生まれた女の子は7歳の七五三のお祝いを迎える前に亡くなってしまう。事故であったり、病気であったり、神隠しであったり……。おそらく、何かしらの呪いのせいでしょう。少なくとも江戸時代末期からそれが続いているそうです。そのお宅から『呪いを解いてほしい』という依頼がありました。誰が呪ったのか、なんのせいで呪われたのかもわかっていませんから、かなり難しくなりそうです」

この話を聞かされた時、私は不謹慎ながら興味をそそられた。科学万能の現代にそのような「呪い」が残っているなんて、オカルト系の物書きとしては見逃せなかった。

文●佐藤勇馬

私は木村さんに懇願し、絶対に邪魔になるようなことはしないと約束したうえで、呪いを解くために現地へ向かう彼女に同行させてもらうことになった。

「行きはよいよい　帰りはこわい」

相模湾を望む国府津には、ところどころに歴史を感じさせる懐かしい風景が残っている。そんな土地に木村さんの依頼主がいる旧家の豪邸があった。守秘義務の問題であまり詳しいことを書くことはできないが、このあたりでは昔から地元の名士として知られている家系だ。

木村さんに依頼をしたのは、この旧家に数年前に嫁いできた30代の女性だった。この家の長男と結ばれ、6年前に子宝に恵まれた。妊娠が判明すると義理の両親はもちろん、夫のきょうだいや親戚らも揃って祝福してくれた。しかし、子供が女の子だとわかると急に態度が変わり、悲しむような、憐れむような雰囲気になってしまった。依頼主の女性によると、夫の親戚からは「流したほうがいいのではないか」という、信じがたい声まであがったという。

「最初はただの迷信だと思っていました。夫の妹さんは病気で6歳の時に亡くなっていますが、それもただの偶然だろうって……。でも、去年の4月に義弟夫婦の娘さんが5歳で交通事故に遭って亡くなってしまってから、あの子も7歳まで生きられないんじゃないかって怖くなったんです。もう6歳になりますから、呪いが本当ならいつ何が起きても……」

依頼主はそう言って涙をぬぐった。その近くでは、小学校にあがったばかりの娘さんが無邪気な笑みを浮かべながらおやつを食べている。

「呪いをかけた本人はとっくに故人でしょうから、どのような種類の呪いなのか、なぜ呪ったのか、簡単にはわからないでしょう。しかし、そういった情報がないと呪いを解くことはできません。何か、このお家に重要な言い伝えや古くから大事にされているものなどはありませんか」

木村さんはきわめて落ち着いた口調で、そう依頼主に尋ねた。依頼主はしばらく考え込んだ末、この家では女の子が生まれた時に有名な童謡の「通りゃんせ」を歌うこと、先祖の遺品であろう古い帯が伝わっていることを教えてくれた。

通りゃんせの不可解な歌詞

童謡「通りゃんせ」は「通りゃんせ　通りゃんせ　ここはどこの　細道じゃ　天神さまの　細道じゃ」という歌詞で始まる。「天神さま」がどこを指すのかは諸説あるが、国府津にある菅原神社は「通りゃんせ発祥の地」のひとつとして知られている。

「この子の七つの　お祝いに　お札を納めに　参ります」という歌詞からも推測できるように、この歌は七五三のお参りを歌ったものだとされている。

不気味なのは、おめでたい七五三のお参りのはずなのに「行きはよいよい　帰りはこわい」という謎の歌詞があることで、この不可解なフレーズから様々なオカルトや都市伝説が生まれていることはあまりに有名だ。

歌詞が成立したとみられるのは江戸時代で、当時の子供は幼少時の死亡率が非常に高く、七五三のお祝いまで生きられない子が多かった。そのため、7歳未満の子供は「神様の子」とされ、早くに亡くなるのは「神様の元へ帰った」と考えられた。

一説には、七五三のお参りは神様に「この子は人間の子としてこれからも現世で生きていってもいいでしょうか」とおうかがいを立てる意味合いがあり、それが許されなければ子供は神の国へ連れていかれる。だからこそ「帰りはこわい」なのだ。

七五三の風習のなかでも、女の子の7歳のお祝いは「帯解き」という通過儀礼があることから特別視された。「帯解き」とは、子供が付け紐のついた着物を卒業し、大人と同じ帯を締めるようになることだ。

付け紐は死亡率の高かった子供への「現世に魂をとどめたい」という親の願いが込められ、それを卒業することで「神様の子」から「人間の子」になるという考え方がある。

依頼主の家に伝わっていた古い帯は、鮮やかな色で若い女性や子供のためのものではないかと思えた。しかし、これにどんな由来があるのかはこの家の誰もわからない。ただ、昔から「絶対に粗末に扱ってはいけない」と言い伝えられてきたのだそうだ。

子供を失った女性の呪い

わずかな情報から、木村さんは以下のような仮説を立てた。

「この家に嫁いできた女性で、幼くして子供を失った人がいたのでしょう。おそらく、七五三のお祝いまで生きられなかった。きっと、この帯は亡くなった子供のための帯だったのだと思います。子供を失った女性は家族や親戚たちから責められ、この家系を呪うようになったのかもしれない。同時期、同じく嫁いだ別の女性の子供が無事に七五三のお祝いを迎えられたことでよけいに孤立していった可能性もあるでしょう。なぜあの人の子が無事で私の子は……そういった恨みや妬みが感じられてなりません」

この木村さんの推察はしっくりくるものがあった。この厳《いか》めしい旧家の雰囲気と古い帯の実物を目の前にすると、不思議とそう思えてくるのだ。

もしそうだとすれば、かなり強烈な怨念だ。100年単位の年月、嫁いだ家系を、生まれてきた女の子たちを呪い続けるとは……。

木村さんが考えたのは、依頼主とその夫、義理の両親が揃って菩提寺に参り、一心に「先祖が申し訳なかった、許してほしい」と願うことだった。さらに自宅の仏壇でも毎日、同じように呪いをかけた人物に誠意を込めて謝りながら、成仏してほしいと祈るのだという。名前すらわからない相手に謝るというのも難しいだろうが、依頼主たちは子供のためならと必死に祈り続けた。

そのおかげなのか、女の子は無事に7歳の七五三のお祝いを迎えることができたそうだ。木村さんのおかげで、ついに「七五三の呪い」は解かれたのだった。

だが後日、私は耳を疑うようなことを木村さんから伝えられた。

「昨日、あの女の子が交通事故で亡くなったそうです。何が起きたのか私もわからなかったのですが、事故の直前に依頼主の義弟の奥さんが『こんなものがあるからいけないんだ』と、あの古い帯を捨ててしまったんだそうです。きっとそのせいで、呪いをかけた人物の怒りを再び呼び覚ましてしまったのでしょう。もうこうなっては、私の力では呪いをどうすることもできません。せめてあの子が幸せに旅立てるよう、一緒に冥福を祈ってあげてください」

ムカサリ絵馬

▼死後の世界で死者に伴侶を与える「冥婚《めいこん》」

山形県天童市

「アツシがいなくなって、もう15年か……」

青春時代を過ごした山形県の天童市を久々に訪れた私は、路肩に車を停め、煙草をくゆらせながら高校時代の悪友に想いを馳せていた。生きているのか、死んでいるのかもわからない。私たちが18歳の時、アツシは突然いなくなったのだ。

私は転勤族だった父親の都合で、転校の多い子供だった。東京で生まれ、小学校入学と同時に三重へ。小学4年生から中学1年生までは静岡で過ごし、中学2年で山形へ転校した。親に言わせると、もともとは明るい子供だったらしいが、たび重なる転校は人格形成に暗い影を及ぼし、転勤を繰り返す父親への反発もあって、山形の中学校に編入する頃には、すっかり反抗的な少年になっていた。肩をいからせ、周りを威嚇《いかく》するような目つきで日々を過ごしていた私をみなが避けたが、同じ匂いを感じたのか「ヤニ行かね？」と言って近づいてきたのがアツシだった。アツシも私も、俗にいう不良だった。

文●樋口 丈

16歳になって中免（普通自動二輪免許）を取り、バイクという武器を手に入れた私たちは、次第に地元の暴走族の集会に顔を出すようになった。集会にはOBの人たちも参加することがあり、そのなかに「鈴木さん」と呼ばれる、ひときわヤバい先輩がいた。詳しくは知らなかったが現役のヤクザという噂があって、キレさせたら、とにかくヤバいと評判の人だった。ある日、その鈴木さんに声をかけられた。

「お前ら、カネないだろ？　めちゃ効率のいいバイト紹介してやるよ」

「え？　あ、はい、ありがとうございます。どんなバイトなんですか？」

「写真館行ってよ、結婚式で着るような紋付袴とか着て写真撮ってきてもらうだけ。もちろん、その費用はこっち持ちで、撮ってきた写真を俺に渡してくれるだけで5万円やるよ」

なんだ、それは……。そんな効率のいいバイトがあるんだろうか？　怪しいとは思ったが、カネのない高校生にとって5万円は大きい。まして、怒らせたら何をされるかわからない鈴木さんの申し出を断れるわけもなく、私たちは言われるがままに従った。後日、写真館で撮った写真を鈴木さんに渡すと「お疲れ。じゃ、これ」と、私もアツシも5万円をもらった。拍子抜けするほど楽にカネをゲットできたとあって、写真がどうなるのかなんてことは考えもしなかった。

生きている人との結婚は禁忌

その後、高校を卒業した私は、不良として生きていくことをなんとか免れ、仙台の旅行代理店に就職した。仕事柄、土地の歴史などを調べることも多く、自分が中高を過ごした山形へのツアーを案内する機会もあるなかで、山形県に伝わる風習「ムカサリ絵馬」を知った。

ムカサリとは山形の方言で〝婚礼〟を意味する言葉で、ムカサリ絵馬とは、若くしてこの世を去ってしまった人が、あの世で結婚して安らかに過ごせますようにと、親や親戚の者が死者と架空の人物との婚姻を描いて奉納した絵馬のこと。言い方を換えれば、未婚で死んだ人のために死後の世界での伴侶を与えるもので、「冥婚」とも呼ばれている風習だ。ただし、生きている人との結婚は禁忌とされていて、もし生きている人物を絵馬に描いてしまうと、一緒にあの世に連れていかれてしまうという言い伝えがあるという。結婚相手に架空の人物が描かれるのは、そのためだ。

そんな風習が山形に残っていたことも、そうした絵馬を大量に納めた岩松観音という寺が、私が中高時代を過ごした町のすぐ近くにあったことも、大人になるまでまったく知らなかった。私は冥婚のことを自分なりに調べた。

例えば、中国での冥婚は、あくまでも死んだ者同士を結びつけるもので、未婚の死者2人を、生きている人間が結婚させる儀式だった。伝統的な結婚と同じように、お互いの年齢や家族の釣り合いが非常に重視されるため、どちらの家族も風水師を雇って、しかるべき相手を探す。それほど重要と考えられている儀式ゆえ、結婚相手を見つけたい死者の側が相手に多額の現金を払うケースもあるという。

この話を知った時、私の頭にひとつの疑念が浮かんだ。高校時代に鈴木さんに渡した写真って、もしかして、これに使われたんじゃないか？　あの人は、冥婚相手の手配師みたいなことをやってたんじゃないか？　あの人なら、十分やりそうなことだ。

いま私が天童市を訪れているのは、それを調べるためだった。

「海老沢敦」「茅場純」

不安な気持ちを拭えぬまま、若松観音に着いた私は、無料で入れる絵馬堂へと足を踏み入れた。そこには若くして亡くなった死者と架空の結婚相手を描いたムカサリ絵馬が所狭しと飾られ、そのなかに、花嫁と花婿が写る写真の絵馬を数枚見つけた。私は目をつぶり、深呼吸してから絵馬を凝視した。1枚の写真の横には「海老沢敦《あつし》」と名前が書かれ、その横の写真には私の名前、「茅場純《かやばじゅん》」と書かれていた。やられた…！　やはり私たちは、あの時、鈴木さんに売られたのだ。鈴木さんのことだ、本人は私たちに渡した額の10倍は手にしているだろう。

ガクガクと足を震わせながら、私たちの横のもう1枚の写真を見ると、そこには「鈴木秀人」とも書かれてあった。あぶく銭欲しさに、鈴木さん本人も冥婚を買って出たということか。

なんてことだ……。身の毛がよだち、うまく思考がまとまらない。私は一度、絵馬堂を出て、頭を整理することにした。

私が18歳で地元を出た数年後、鈴木さんは拳銃自殺したと聞いていた。組のカネに手をつけたらしいとか、悪い噂はあったが、あまりに突発的な自殺だったので、「殺されたんじゃないか」なんていわれていた。

一方、アツシは19歳になるかならないかの頃、突然失踪した。当時、誘拐説や自殺説などが流れたが、いなくなる直前までアツシに大きな変化は見られず、失踪直前まで普通に過ごしていたという。もちろん親は警察に捜索願を出したが、いまだにアツシは行方知らずだ。

こんな不幸がそう続くものだろうか？　鈴木さんもアツシも、やっぱり連れていかれたんじゃないか？　じゃあ、どうして私はまだ生きている？　……そこまで考えた時、背後からポン、ポンと誰かが私の右肩を叩いた。本能的に振り返ってはいけない気がした。絵馬堂には私以外、誰も入ってきてはいない。ポン、ポン。また誰かが私の肩を叩く。見ちゃだめだ、見ちゃだめだ……。目を閉じて硬直していると、今度は、その〝何か〟がグワングワンと私の両肩を激しく揺さぶった。頭が激しく前後に揺れるのを必死で堪《こら》えていると、私の耳元で誰かがささやいた。

「ねえ、早くおいでよ」

「うわあああああ！！！！！」

そこからの記憶はまったくなく、目を覚ますと、私は病院のベッドの上だった。

血に染まる奇祭

◆都市ボーイズ・岸本 誠

Ｇ県の某地域ではある奇祭が行われているそうです。祭りでは、その年に成人を迎える各家庭の長男が、真冬の夜に白い装束を着て、カゴを背負い、裸足で村を走り回るというのです。他の村民は走っている男性に石をぶつけ続けます。話を聞いた方の祭りの動画を見たのですが、石を投げられた男性は、白装束が血で真っ赤に染まりながら走っていて、異様な光景でした。ある種の成人の儀式ですが、いまの時代では考えられないですね。この奇祭はネットにも載っていない、完全秘密裏で行われている祭りです。

猿酒

▼甕《かめ》を〝覗く〟と……妊娠した猿の祟りで死ぬ

秋田県平鹿《ひらか》郡

文●大山 糺

平成最後の年に大手新聞社の記者職に採用された私が最初に赴任したのは、秋田県内陸部の都市だった。駆け出しの社会部記者は、主に県内で起こった事件を取材する、いわゆる〝サツ回り〟が日課だが、猛吹雪が吹き荒れる豪雪地帯にあって事件記者とは名ばかりで、仕事の大半は大雪による交通災害などの現場での取材であった。

その頃、地元の情報を集めようと通いつめたスナックで時折顔を合わせていたのが、怪談好きの地元の消防団長・葛西さん（仮名）だった。ある時、葛西さんはこんな話を切り出した。それは11世紀から伝わる門外不出の霊薬「猿酒」にまつわるものだった。

「酒といえども、天日で干した猿の肉片が漬け込んである塩水のようなものでな。腹痛に効くと愛用された薬だった。んだども、時がたち、甕の中を覗いた者は必ず命を落とすといわれるようになった」

葛西さんが話し始めると、店の常連たちは「また始まったか」と嘲笑し、顔を背ける。

それでも葛西さんはウイスキーのグラスを飲み干すと、言葉を続けた。

「んだども、実際に亡くなった者もいる。この猿酒は江戸時代の紀行家で博物学者・菅江真澄が遺《のこ》した紀行文にも登場するのだけど」

俄然、話は真実味を帯びてくる。その場でメモした話は、次のような内容だった。

猿酒というものがつくられたのは、いまから950年以上前に遡《さかのぼ》る。時は「前九年の役」(1051～1062年)。菅江が記した文献によると、原料となるのは大猿3匹の肝と背肉である。それを30日ほど水にさらし、天日干ししたうえで美酒に漬け込む。その後、再度炎天下で干したあと、塩水に3年漬ければ猿酒となるという。もともと猿酒は奥羽の武将・清原武則が所有していたが、落城した際、島田源助なる武士が持ち出し、寒村に身を隠した。島田は薬売りとして生計を立て、その地に定住。猿酒はいまも現存しており、島田の子孫が厳重に保管しているという。

葛西さんは興奮し切った様子で私だけに物語の続きを話した。

「いつの時代かわがんねども、ある和尚が『猿酒の甕の中を見せてけろ』と頼んだそうだ。最初は『見た者は死ぬ』と断っていたが、『死んでもいい』と言うので見せると、1年もしないうちに和尚は死んじまった。それから数十年後、また同じ寺の和尚が『先祖が死んだのが本当かどうか試す』と言って甕ん中を見てしまって、やはり1年して死んじまった」

最後に葛西さんは、こう言うのだ。

「なぜ甕の中を覗いたら死に至るのか？　んだから、それは誰にもわからない」

猿酒をつくるのはアニミズム的な儀礼なのか。また、それを見ることが許されないというのは、霊的存在である猿を喰らうことの禁忌なのか。当時の私にはさっぱり見当がつかなかった。それから日々の取材に忙殺されるうち、いつしか猿酒の記憶も遠く彼方に追いやられていった――。

Xの形をした人骨

田舎暮らしが板につき、1年半が過ぎた頃だった。その年の暮れ、秋田県の南部、奥羽山脈に囲まれた峡谷型山村で大規模雪崩《なだれ》が起こり、私は村中を蛇行する横手川上流に位置する集落に足を運ぶことになった。現場入りを命じた支局長が「ちょっと待て」と私を呼び止める。

「お前、次は東京の社会部に行きたいんだろ」

「はい。できれば警視庁か、特捜部なんかをやりたいです」

「わかった。その意向は上にちゃんと伝えてやる。しかし――」

「結果次第ってことですよね」

「そうだ。秋田でできることをやれ」

都市部から峠を越えること3時間。崖の下方から吹き出すような吹雪が車に容赦なくぶち当たる。ナビが示す山道は雪の絨毯《じゅうたん》に覆われ、集落は雪に沈んだ村と化している。夕刻

5時半、月光が照らすなか、一軒一軒の聞き込みを行い、臨場感あふれる証言の数々を得た。3世帯を巻き込んだ惨事だったが、死者もなく、取材は滞りなく終わった。

集落の外れに目をやると、先ほどは気づかなかった段々畑の中腹に山小屋が見える。私の足をこわばらせたのは不気味な青い明かりだけではなかった。いつの間にか吹雪は凪《な》いでいる。静寂のなか、耳をすますと、ギギー、キキーという金属音がかすかに聞こえたのだ。私はそのまま山小屋に歩みを進め、木製の扉に手を当てた。

新聞記者であることを名乗り、通り一遍の言葉を投げかけてみた。

「大変なところすみません。いま雪崩の取材をしておりまして」

一呼吸置き、返ってきたのは「お入りください。助けてください」という意外な言葉だった。女性から発せられた弱々しい声に喫驚《びっくり》しながら私は扉を開き、居間に足を踏み入れる。そこには、古びた布団に包まり、顔を伏して体を震わせる一人の女性の姿があった。脂《あぶら》に汚れた長髪はうねり、布団全体に根を張っているようだ。女性は抑揚のない、か細い標準語で言う。

「お願いがあります。子供を産めるように助けてください。もう、そろそろ生まれますから。決して傷つけないでください」

思いも寄らない事態に直面した私は硬直し、我を失った。

「……。ど、どうすればいいんですか？　救急車を呼びましょうか」

必死の思いでそう呼びかけたが、返事はない。私は一目散に山小屋を出ると、車に戻り、農村の中心部へと走らせた。村指定の救急病院に駆け込み、先ほどの出来事を早口で告げる。

「命の危険があります。いますぐ救急搬送するべきです」

「旦那さんはおらんのか？」

「いや、それはわかりません。私はあくまで取材でたまたま通りかかった者ですので」

「そんなことがあるがね……うちには一件もそんな１１９番なんて入ってねえけども」

高齢の救急隊員は訝《いぶか》しい顔で私の顔を覗き込んできたが、私はかまわず山小屋に案内した。

「おーい、おーい。どこおるさ？」

扉を開けた救急隊員が声をあげる。居間の中央に丸められた布団はひとつ。布団をめくると女性の姿はなく、かわりにアルファベットのXの形をした人骨らしきものがひとつ転がっていた。

「これ、子宮のところの骨。恥骨だべさ。ほれ、ここにもある」

救急隊員は、３つの骨を両手にのせ、私の顔を覗き込んで言う。

「どういうことだがね。あんた、この家の人と話したんだっけか？　幽霊でも見たんだべさ」

私は狐につままれたような心地で立ち尽くすしかなかった。

一生耳に残る金属音

秋田県平鹿《ひらか》郡――。この地が猿酒の誕生の地であることを知ったのは、それから3日後のことだ。そして、私があの女性と言葉を交わしたのも、その土地の外れに位置する寒村だった。葛西さんが神妙な声色《こわいろ》で言う。

「例の猿酒だけんども、あの地域の古老に聞いたところによると、冬の大雪の日に老松《おいまつ》の影で3匹の大猿を見つけて、命乞いするのを無視して射たのが始まりだそうだ」

「でも、猿って神聖な生き物といわれるじゃないですか」

「んだ。大猿というのは、妊娠した猿のこと。孕《はら》み猿の霊力はとてつもない。その祟《たた》りで武家が没落したというのだがね」

東京社会部への異動が正式に決まってから約1カ月、私は複数の郷土史研究家に取材を重ねた。現在まで島田源助の末裔にあたる島田某によれば、太平洋戦争の頃、岩手県の人に振る舞ったのを最後に、猿酒を口にした者はいないという。ある郷土史研究家はこう言った。

「猿酒の甕を覗くと、中からキキーという金属音がするといわれているんです。なんともせつない音で、一生耳に残るといいます」

秋田発東京行きの新幹線車内。まどろんでいた私の耳にこだましたのは、あの金属音だった。

赤い爪の家畜

▼人間を豚にする「ゴタイトウチ」という罰

埼玉県秩父地方

2年前のある秋晴れの日、某有名SNSで趣味を通じて知り合った3人の友人たちとアニメーション作品に出てくる土地を巡る、いわゆる「聖地巡礼」をすべく秩父方面へ繰り出した。作中でしか見たことのない風景をこの目に焼きつけようと、4人乗りの軽乗用車に定員いっぱいの人数で出発する。

SNSでの呼称になるが、助手席にハチくん、運転席後方にレナ、助手席後ろの座席にユズハ、そして運転席に私。親の車を借りられたまではよかったが、運転に不慣れなこともあり、細道を進んでは引き返したりしていた。

「最悪だ、ナビがぶっ壊れてる」

出発して1時間。森の位置情報を正確に捉え切れず、迷走し始めたカーナビにため息をついて、全員で車外に出た。樹々が生い茂り、あたりは暗い。山中であることを考慮してもやけに寒い。

「これたぶん道はずれちゃってる」

目的地まではまだけっこうあるはずだが、まさかここで迷子になるなんて。そもそもこがどこなのかわからない。道を尋ねようにも人っ子一人いない森の中だ。

「まぁしょうがないじゃん。まだ時間あるし、ちょっと歩けば誰かいるっしょ」

「そうだね。誰か見つけて聞いてみよっか」

レナが車に残り、3人で人探しをすることになった。暇潰しにスマホでYouTubeを観始めたレナ。電波がきちんと届いていることに安堵して、3人で周辺の探索を開始した。

細道をしばらく進んでいると、樹々が深くなっていく。まっすぐ進むこと20分。ようやく少し開けてきたその場所は、オートキャンプ場のように見えたがどうも様子が違う。

「全然、人いないね。もう少し探そうか」

さらにまっすぐ進んでいくと、今度は民家が建ち並ぶ小さな集落が目に入った。まばらだが人の姿も見え、軽トラックや農耕車も散見される。とりあえずそこで、道を尋ねてみることにした。

人として扱われない罰

やたらと静かな集落だった。畑があり家があり、比較的道幅の広い舗装された道路もあった。森の中から歩いてやってきた私たちは、完全に不審者扱いされ、畑の傍らにいる高齢の村人たちは無遠慮に凝視してくる。そして、何やらヒソヒソと話している。正直気分は悪いが、私たちは道を訊かなくてはならない。気まずい空気の中、なかなか話しかけられずにいると、ほどなくして一人のご婦人が近寄ってきた。

「ごめんなさいね。見慣れない人たちだからみんな警戒しちゃって」

「いえ、私たちは東京から観光に来た者で……」

ここまでの経緯を手短に説明するとご婦人は、「大丈夫よ。あなたたち、怪しい人たちには見えないから」とけらけらと笑う。ご婦人は名前を山井さん（仮名）といい、5分ほど世間話や秩父の話をした。東京に就職した息子さんの話に差しかかったところで、恥ずかしいことに、私のお腹が大きく鳴った。

「すみません。目的地で食べるつもりで朝から何も食べてなくて」

「だったらうちにいらっしゃい。ちょうどカレーをつくりすぎたのよ」

ありがたい話だが会ってすぐの相手にそこまでしてもらうのは申し訳ない。お気持ちだけでと丁重に断ったものの、子供が出ていって夫婦二人で寂しいのだと話す山井さんのご厚意に甘え、彼女のお宅で昼食をご馳走になることに。車に残っていたレナを電話で呼び、30分ほどして食事にありつけた。素朴だがおいしいカレーをいただきながら、これから行く予定だった場所の話や息子さんの話に花が咲く。

「正直、ちょっと閉鎖的でしょう」

不意に村のことに触れ、山井さんが苦笑する。

「小さな村だからね、どこの家のこともみんな共有してるのよ。だから隠しごともできっこない。この村じゃこんな不祥事なんて、ねぇ」

ちょうどテレビで芸能人の不倫報道が流れていたところで、山井さんは目を細めた。

「不倫なんかじゃなくても、昔この地域では悪いことをした人には、それはそれは厳しいお仕置きがあったのよ。〝ゴタイトウチ〟って聞いたことある？」

手元のスマホで検索すると、「五体投地」という仏教用語が出てきた。膝と肘を両方とも地に投げ伏して頭を垂れる、祈りの一種だという。

「その形を真似た罰だったみたいよ。悪いことをしたら拘束されて、ずっと祈りを捧げ続けなければいけなかったんですって」

祈りと聞けば聞こえはいいが、実際は相当無理無体《むたい》を強《し》いる血なまぐさいものだったという。折檻《せっかん》がひどく、命を落とす者さえ出たのだとか。詳細は教えてもらえなかったが、ゴタイトウチの罰を受けた村人は、不浄の存在として蔑《さげす》まれ、人として扱われなかったのだと。そんな昔の風習が伝え残っているため、この村には悪さをする人がいないと山井さんは続けた。

全員がカレーを食べ終え、食器を下げる。するとハチくんが何か落ちていることに気づいて拾い上げた。それは比較的新しい一枚の写真だった。

「あら、全部捨てたと思ってたのに」

山井さんはバツが悪そうにそう言うと、左が息子さん、右が離婚したお嫁さんだと話してくれた。聞けばその女性は、先日ここを離れて遠くへ行ってしまったという。写真の右側には色素の薄い、美しい女性がおさまっていた。白い肌にセミロングの茶髪、長い豊かなまつ毛と、赤い爪が印象的なその女性の顔が妙に脳裏に焼きついた。

けれど、なぜ写真を捨てる必要があったのだろう。先ほどの一言が妙に引っかかっていると、山井さんが「じゃあそろそろ道を教えましょうか」と私の思考をさえぎった。


「あれ……本当に動物だった？」

「ねぇ、あれ」

来る時には気づかなかったが、あばら屋のような小屋が森の中に見えた。おそらく家畜小屋のようだが、なぜ、こんな村はずれにあるのか。好奇心から小屋に近づこうとする私とユズハとは対照的に、ハチくんとレナは、先に車に戻ってしまった。私とユズハは恐る恐る小屋に近づき一歩足を踏み入れる。

「なんか臭うね」

窓がなく、陽の入らない小屋は薄暗く、奥のほうは闇が深い。それよりも、だ。手前に豚の死骸が横たわっている……。私たちは凍りつき、肌は粟立った。奥にも、闇の中にまだ何かいる……。目を凝らすと、短い4つ足で立ち、こちらを向いている一匹の家畜が目に留まる。よかった……生きている豚もいるのかと思い、少しだけ近づいた。鎖につながれた家畜は豚だと思っていた。けれど、どうにも蹄《ひづめ》のあたりの部分が、家畜ではない〝赤い爪〟のように見える。それになんだか血なまぐさい。

「怪我でもしてるの、かな……」

一歩も動かないその家畜から滴《したた》っているものが血液だと気づいたその刹那、茶色い髪の毛が見えた気がして、さっきの写真の顔が脳裏をよぎった。

お嫁さん……？

段々と目が慣れてくると、言いようのない違和感が込み上げてくる。スマホのライトを点《つ》けようとした時、ユズハが「あのさ！」と急に叫んだ。突然の大声に固まっていると、ユズハは震える唇で「遅くなるし、そろそろ、戻ろう」と言ってきた。なぜだかこの違和感の正体に気づいてはいけない気がして、私もユズハに賛同し、その場を足早に去った。

「ねぇ……あれ……本当に動物だった？」

ユズハがつぶやいたが、口の中が渇いて張りつき、その問いに答えられなかった。

突然、誰かの気配と、聞き覚えのある声がした。

「あの嫁……子も……不倫なんて……馬鹿……真似しなけ……ばねぇ……」

私たちは必死に気づかないふりをして、車に向かって無我夢中で走り続けた。

◇

帰り道、レナは、車で留守番中に観ていたYouTubeのことを、興奮気味に語り出した。中国三大悪女・呂雉《りょち》についての動画が衝撃的だったという。呂雉は皇帝であった夫の亡きあとも権力を握り、側室だった戚《せき》夫人の手足を切断し、「人彘《じんてい》（人豚）」と蔑み飼い続けたという。

ハンドルを握る手が震え、脂汗がにじむ。バックミラー越しにユズハと目が合うと、彼女も同じ気持ちだったようで、顔色が悪い。

どうか私たちの勘違いであってほしい。もしかしたら、あの村でのゴダイトウチというのは……。

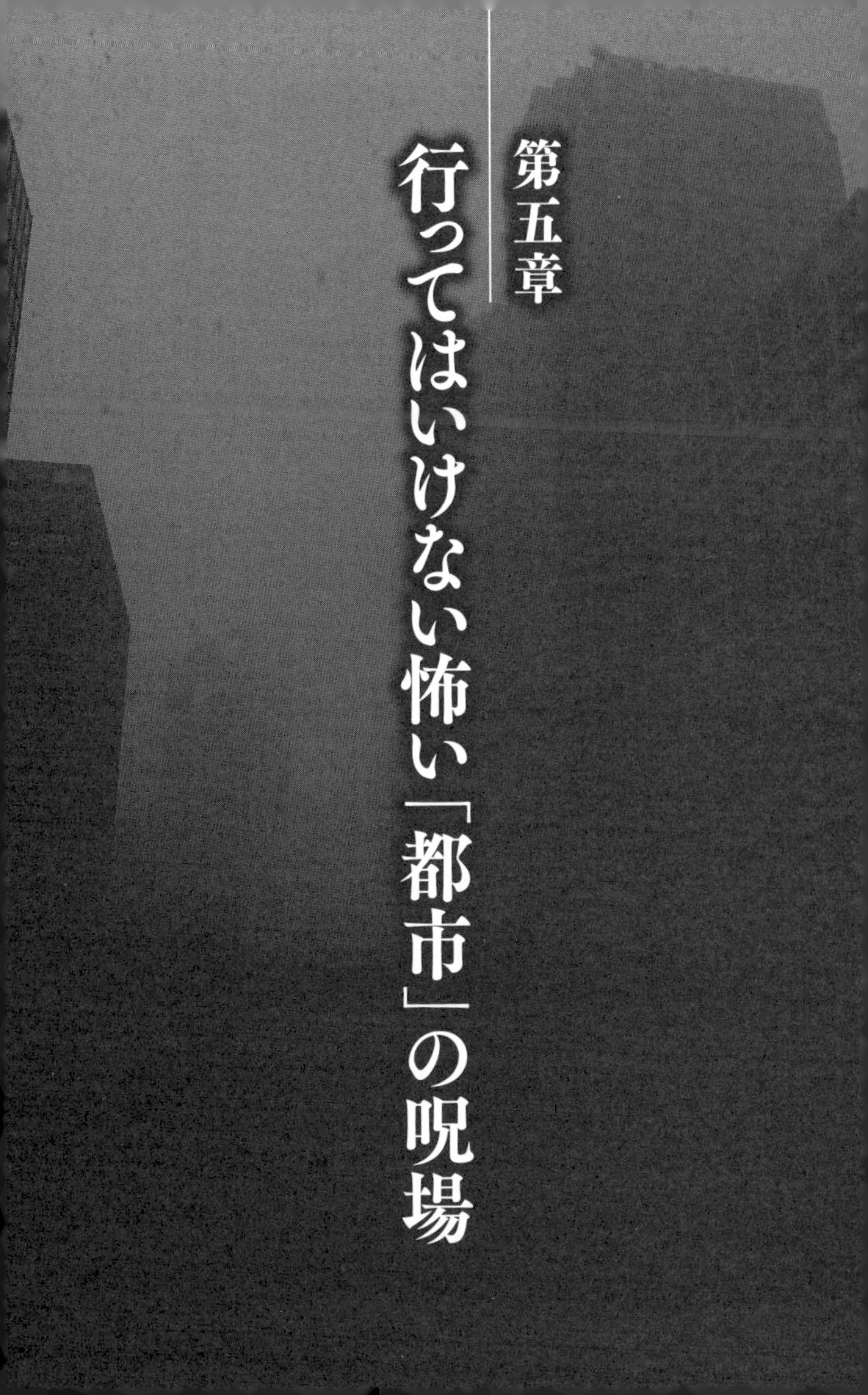

第五章
行ってはいけない怖い「都市」の呪場

長野県塩尻市

AV女優殺害事件

▼「こっくりさん」が明確に示した真犯人の名前

いまから19年前、私はある月刊誌の企画で長野県塩尻《しおじり》市にある奈良井《ならい》川の河川敷に行った。

この河川敷は、その数カ月前に超人気AV女優（享年24）と当時付き合っていた恋人・A氏（享年25）の焼死体が見つかったいわくつきの土地であった、月刊誌の企画というのは、この遺体発見現場で「こっくりさん」をする内容だった。

のどかな田舎町で繰り広げられた凄惨な殺人事件だったが、県警が「自殺」として事件化しなかったことで捜査すら行われなかった。すぐに警察によって遺体と燃えた車両は片づけられ、迷宮入りとなっている。当然、犯人はなんの罪に問われることなく、いまもどこかで社会生活を送っている。被害者にとってあまりにも理不尽な仕打ちだったが、A氏側の家族やジャーナリストが動いたことで、ある程度の事実は明らかになっている。

文●中村淳彦

事件が起こったのは、2002年10月12日の20時30分頃。

事件当日、2人は事件現場から車で5分ほどのA氏の自宅でくつろいでいた。2人は同じ高校の先輩・後輩で遠距離恋愛をしていた。2人はとても仲が良く、東京で仕事をする人気AV女優は時間を見つけては塩尻市に通っていた。

20時10分頃、2名以上の犯人が車でA氏の自宅を訪ねている。犯人に促されて2人は裸足のまま自宅を出た。自宅前に駐車してあるA氏の車に2人と犯人の一人が乗る。おそらくA氏は自分で車を運転している。

20時30分頃、もう一人の犯人が運転する車とA氏の車は、暗闇で何も見えない奈良井川の河川敷に到着した。人気AV女優は犯人に促されて外に出た。靴は履いていないので裸足のままだ。そして、犯人は後部座席か車の外から運転席のA氏の頭を鈍器で殴り、包丁で腹部を刺した。目の前で惨状を見た人気AV女優は恐怖に慄《おのの》き、真っ暗闇の川のほうに逃げた。

犯人は悲鳴をあげる彼女を追いかけた。数メートル先で捕まえ、A氏の腹部を刺した同じ包丁で腹部を刺している。人気AV女優は激痛が走る腹部を押さえながら足元から崩れ落ち、犯人は首から下にガソリンをかけた。点火。彼女は生きたまま燃やされた。

助手席にいるA氏の死亡を確認し、A氏の左手の指をほどいて人気AV女優を刺した包丁を握らせた。車内にガソリンを撒《ま》き、点火、ドアを閉めてロック。犯人は燃える車と人気AV女優を眺めながら急いで車で立ち去った。数十分後、地元住民の通報によって遺体は発見された。生きたまま燃やされた彼女は首から下と髪の毛が燃え、遺体の瞳孔はくっきりと開いていたという。

「こっくりさん、こっくりさん」

こっくりさん企画のために事件現場に同行したのは、私と編集者の平沢（仮名）、そして霊媒師の愛子さん（仮名）だった。愛子さんはユタの家系に生まれた霊媒師で除霊を生《なり》業《わい》にしている。

奈良井川沿いには街灯はなく、近くに民家もなかった。日が落ちると真っ暗になる。車のライトと懐中電灯で河川敷を照らすと、車が燃やされた黒い油跡が残っていた。人気ＡＶ女優が生きたまま燃やされた場所も特定し、事件が発生した20時30分になるのを待って「こっくりさん」を決行した。

平沢は手書きしたこっくりさんの紙を人気ＡＶ女優が燃やされた場所に敷き、赤い鳥居部分に十円玉を置いた。私と平沢は人さし指を出して、声を合わせた。

「こっくりさん、こっくりさん、おいでになられましたら『はい』にお進みください」

十円玉はまったく動かなかった。一度、指を離して、もう一度同じことを繰り返したが、微動だにしない。我々を隣で眺めていた霊媒師の愛子さんは、呆れたように笑っていた。

「あのさ、絶対に動かないわよ。だって、○○ちゃん（人気ＡＶ女優の本名）は彼氏の家にいるんだから」

愛子さんはもしものときのために、編集部が付き添いとして呼んだだけだ。前情報は何も伝えていない。事件のことはすでに小さな記事になっていたので情報はあったとしても、彼女の本名などは知らないはずだ。

「○○ちゃん、自宅においでって言っているよ。どうする？　じゃあ、行こうか。場所はだいたいわかったから」

車に戻ると、愛子さんは大きな水晶を出してゆっくりと撫でる。そして「道に出たら右、しばらくまっすぐね」と道案内をする。運転する平沢は言われたまま車を走らせ、すぐに小屋のような戸建てが並ぶ住宅に到着した。

愛子さんは小走りで手前から2番目の小屋に向かって、「○○ちゃんね。はじめまして。霊媒師の愛子といいます」と独り言のように話している。「大変だったね」「彼氏はもうここには来ないわよ」という声が聞こえる。

「○○ちゃんは自分が死んだことをわかってないわよ。あそこにずっと立って彼氏の帰りを待っているって。あの子と話してみる？　私に憑依《ひょうい》させるから話せるわ」

十円玉を置いた。十円玉は動いた

愛子さんは水晶を激しく撫で、目をつむって大きく息を吐いて大きく吸った。ウッという声がして、私と平沢を見つめてくる。彼氏の帰りを待っている人気AV女優が愛子さんに憑依した。

私は勇気を出し、愛子さんの姿をしている彼女に話しかけた。

「ここで何しているの？」

「ひろくんが帰ってくるのを待っているの。もう、何日も帰ってこないんだよ」

愛子さんではなく、人気ＡＶ女優のような声だった。かわいらしい声はＡＶで何度も聞いたことがある。ひろくんとは恋人のことだ。

「ひろくんは、どうしていなくなっちゃったの？」

「ここに突然、貴島さん（仮名）と知らない人が来たの。すごく怒ってる感じで、外に出ろって。ひろくんが連れていかれたの」

「貴島さんって、○○の貴島さん？」

「そうだよ。どうして、ひろくんの家を知っているんだろうって不思議だったよ」

「貴島さん」とは、私も平沢も顔見知りであるＡＶ関係者だ。私は絶句した。その日、ひろくんが殺されたことは、心配してずっと待っている彼女には言えなかった。愛子さんは憑依を解いた。右腕がしびれているとしきりに言っている。平沢は思い立ったようにこっくりさんの紙を出して、十円玉を置いた。十円玉は動いた。

——あなたは誰ですか。
○・○
——あなたは誰に殺されたのですか。

き・じ・ま

その年の末、AVメーカーのパーティーで貴島の姿があった。シャンパングラスを片手に楽しそうにAV女優や関係者と話していた。私は貴島のことを何度も見てしまった。目が合った時、会釈した。貴島が近づいてくる。目は笑っていなかった。

「ナカムラさん、久しぶりですね。聞きましたよ。こっくりさんしたんですって。何かわかりました？」

私は「何もわからなかった」と答えて、その場から逃げた。貴島はしばらくしてAV業界からいなくなった。風の噂ではいまでも元気にしていると聞いた。

中村淳彦●なかむら・あつひこ
ノンフィクションライター。AV女優や貧困などをテーマに、社会問題をフィールドワークに取材・執筆。虐待、精神疾患、借金、自傷、人身売買など、様々な過酷な話に、ひたすら耳を傾ける。『東京貧困女子。』（東洋経済新報社）は第二回「yahoo! ニュース｜本屋大賞2019年ノンフィクション本大賞」ノミネート。『名前のない女たち』シリーズ（宝島社）など著書多数。

連続殺人犯の末裔

◆都市ボーイズ　早瀬康広

西日本の超有名な連続殺人犯の末裔は、いまだ地元に残っていて、周辺の住民は末裔であることを知りながら接しています。偶然か必然かわかりませんが、末裔のある男性は常軌を逸した性格だそうです。

僕の知り合いが彼と同じ職場にいた時、一緒に夕食を食べに行きました。食後、男性は「持ち合わせがないから奢ってくれ」と言いました。知り合いは彼より年上ということもあって、快く了承したのですが、それを聞いた彼は「ありがとう。そしたら指1本でいいかい?」と聞いてきました。知り合いは冗談だと思って笑っていたのですが、突然、男性はナイフを取り出し自身の指を切り落としました。怖くなった知り合いは、救急車などが駆けつけている間に急いで帰宅し、会社も辞めてしまいました。

会計は2人で3万円。1万5000円の奢りで簡単に指を切り落としたのです。末裔の男性はいまでも地元の会社に勤めています。聞くところによると、〝街の恥〟が外部に出ないようにクビにもできないのだそうです。

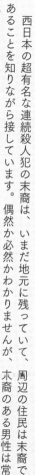

歌舞伎町「人身売買」業者

▼死姦……ダルマ女……超絶変態に人間を売る地獄風俗

東京都新宿区歌舞伎町

文●佐々木チワワ

これは、私が歌舞伎町のホストクラブで働いていた数年前の話。私はどうしてもナンバーワンになりたい月があり、指名をしてくれている女の子全員に無理を言っていた時期があった。キャバクラで働いている子には風俗を勧め、デリヘルをやっている子にはソープの掛け持ちを勧めた。

そうやってなんとか１カ月間、カネをかき集めてもらったが、ナンバーワンの強さは圧倒的で、あと５００万円、ナンバーワンになるには足りなかった。

「明後日パパに会うから（お金を）引ける」

そう言った女の言葉を、カネ集めに必死だった私は安易に信じ、５００万円の売掛《うりかけ》（女の代金をあとで受け取ることを前提にホストが店に支払いをすること）をした。そして、ナンバーワンに輝いた。だが、その女はパパ活に失敗し、５００万円を払えなくなった。私は輝かしいナンバーワンの称号から一転、あと５日でカネを工面しなければ５００万円の借金を店に背負うことになった。ホストの給料は売り上げの約半分。返せる額じゃなかった。

「その女とはもう連絡とんな。ブロックせい」

途方に暮れている私に、先輩ホストがにわかには信じられない話を持ちかけてきた。歌舞伎町には、どんなやつからもカネを回収することが可能な業者があるらしい。

「俺も数年前、ヤバいときに使ったことがあってさ」

業者の連絡先の書かれた名刺を渡された。稼ぐためにホストになったのに借金を抱えることが耐えられなかった私は、半ば自暴自棄で名刺の電話番号に電話した。

電話をすると、指定された歌舞伎町の人気の少ない路地裏に2時間後に立っていろと言われ、服装の特徴を教える。指定された時刻に路上に立っていると、後ろから目隠しをされ、車に乗せられた。

「電話をもらった●●（業者）の者だ。いまから事務所で話を聞くが、場所を特定されないために手荒な手段になる。悪いな」

非常識な行動とは裏腹に丁寧な口調で説明を受ける。

エレベーターに乗せられ、着いたのは机と椅子があるだけの簡素な部屋で、3人の男が私を囲んでいた。

「……じゃあ、その女から500万円回収したいと」

私が事情を説明し終えると、正面に座っていた小太りの男が書類とペンを取り出す。

「その女の写真もらえる？　あと、ここに、住所とか、女の個人情報を書いて。売掛したときに押さえてる情報を全部ね」

私はスマホに収めていた女の個人情報を記入していく。風俗店の在籍歴を書くと、男に風俗店のサイトを見せるように言われる。掲載されている宣材写真を見た男は、「これならまあまあ、いきそうだな」とつぶやいた。その時は、より稼げる〝中国人のパパ〟をつなげてくれる業者なのかと思っていた。

「ほな、5日後に電話する。その女とはもう連絡とんな。ブロックせい」

急に関西弁でそう言われ、私は再び目隠しをされ、車に乗せられ、歌舞伎町の路地裏に戻された。

「暗証番号はあの女の誕生日や」

そこからの5日間は、本当にカネが手に入るのか不安で、胃痛と戦いながら、通常どおりホストとして働いた。

そして5日後、二日酔いで寝込んでいる私のもとに電話が届く。

「おー。いい女紹介ありがとうな。新宿駅前のコインロッカー、21番にカネが入っとる。暗証番号はあの女の誕生日や」

指定されたロッカーに行き、鍵を開けると、茶封筒に現金がギッシリ詰まっていた。

こうして、無事に売掛を返せた私だが、それ以降、いつも歌舞伎町で飲み歩いていたその女の噂をいっさい聞かなくなった。聞かないほうがいいとわかっていても、私は好奇心を抑えられず、業者を紹介してくれた先輩ホストに事情を聞いた。

「あぁ、あれな。ちょっと、というか、かなり性癖がヤバい客とかに人を売ってんだよ。SMプレイでぶっ壊れるまでプレイしちゃうやつとか、死姦が好きなやつとか。ダルマ女がいちばん多いらしいけどな。死ぬわけじゃないし、四肢を切るだけだから楽なんだと。身寄りがないやつは処理が楽だから取り分が多いんだ。そういう意味じゃ、家族と縁を切った歌舞伎町の風俗嬢なんて最適だよな」

そういって笑う先輩は、不意に真顔になって私に忠告してくれた。

「俺は、ここのホストクラブのオーナーから回収業者のことを紹介されたんだけどさ。売掛で店に借金を返せなくなったホストってしばらくすると消えちまうんだよ。逆に、俺らホストが業者に売られてんじゃないかって……だからお前も気をつけろよ」

2カ月後、先輩は失踪した。

としまえん

▼遊園地のミラーハウスに棲む恐怖の〝ゾレ〟

東京都練馬区

文●萌木冴子

私が小学生の頃、老舗《しにせ》遊園地「としまえん」によく遊びに行っていた。としまえんは、自宅から電車で20分ほどの場所にあったので、休日に家族で行くにはちょうどいい遊び場だったのだ。

ただ、ディズニーランドのような華やかさはなく、夏はプールで賑わうけれど、冬は閑散としている侘《わび》しい遊園地だった。思い出がたくさんあるので、2020年に閉園してしまった時は切なかったが、閉園した理由もなんとなくわかる。としまえんは、様々な〝いわく〟がついた心霊スポットでもあるのだ。でもまさか、私自身がその当事者になるとは、思いもしなかった。

忘れもしない夏の日の日曜日。その日も、私たち家族はいつものようにとしまえんで休日を過ごすことに。私と3歳年下の妹・麻友（仮名）は夏休みに突入した高揚感ともあいまって、かなりハイテンションで園内を駆け回っていた。夏場の営業時間は19時まで延長していたので、遅くまで遊べるのも子供心にうれしかったように思う。

楽しい時間はあっという間に過ぎ、空が夕日で赤く染まる黄昏時、帰る用意をしていると、「最後にミラーハウスに入りたい」と、麻友が騒ぎ始めた。

「でも、いま出ないと混雑して帰るのが遅くなるから、また今度にしよう？」

「やだ！　入らないと帰らない!!」

妹は、ミラーハウスの前で座り込んでしまい、頑として動こうとしない。普段わがままを言わない麻友が珍しく折れないので、結局、私たち家族はミラーハウスに入ることにした。

床につきそうなほど長い、青白い腕

としまえんのミラーハウスは、140枚以上の鏡が設置された屋内型迷路だ。部屋中鏡張りで、何面もの鏡が向かい合わせになっているので、方向感覚が狂ってしまい、なかなか出られない。精巧なつくりとはいえないが、ちょっとしたパニック気分が味わえるアトラクションだ。私は過去に何度か入った経験があったが、麻友は初めての体験。よほど楽しみだったのか、彼女は一目散に走り出した。

しかし、入ってすぐのフロアは照明が暗く、ほとんど前が見えない。暗闇の中を注意深く進んでいると、私の手を小さな手が握った。

「びっくりした……！　麻友？　暗いの怖い？」

「……」

勢いよく入っていったものの、室内の暗さに怯《ひる》んでしまったようだ。

「仕方ないなあ。じゃあ、一緒に行こうか」

「……うん」

か細い声が返ってきた。暗闇ゾーンを抜けると、少し開けたスペースに出る。そこは緑色の不気味な照明が室内を照らし、鏡に四方を囲まれた部屋だった。

右を見ても鏡、左を見ても鏡……恐る恐る歩いていると、ひときわ大きな鏡の前にたどり着いた。その鏡の中の私と麻友は、幾重《いくえ》にも重なって映り込み、どこまでも続いている。

私たちは、なぜかその鏡の前から動けなくなっていた。

どれくらいそうしていただろうか。数秒間か数時間、数日間、何年間もそこに立ち続けていたような、不思議な感覚に襲われた。

「お姉ちゃん、あれ、何……？」

妹の震え声で我に返ると、麻友が鏡を指さしている。彼女が指し示した先に、ぼうっと映る黒い影……。その影は、ひとつ、またひとつと鏡の像を超えながら、私たちに近づいてくる。そして、初めはぼんやりしていた影の輪郭が、徐々にはっきりと見えてきた。

赤い服に黒く長い髪、だらりと下がった青白い腕は床につきそうなほど、長い。

魚の腐ったような臭いの吐息

「女の子……？」

私が声を発した瞬間、目の前の鏡に〝ソレ〟が現れた。前髪のすき間からは、本来は目があるはずの部分に、暗く、深い穴が2つ覗いている。

化け物……！

恐怖で声も出なかった私と麻友は、すぐに踵《きびす》を返して走り出した。しかし、どこを見ても鏡だらけで、少し進むと行き止まりになってしまう。さっきまで近くにいたはずの両親の声も聞こえない。

お母さん、と叫ぼうとした瞬間――。

「ねえ、こっち向いて」

小さな女の子の声が、背後から聞こえる。私は、妹の手をしっかり握りながら言った。

「麻友、絶対に振り返っちゃだめだよ」

「うん……。でも、こっちが出口だよって言ってる」

「ううん、きっと嘘ついてるの。絶対に言うことを聞いちゃだめ」

振り返っちゃいけない、それは確かだが、出口がわからない。冷や汗も止まらず、動悸も激しさを増す。早くここから出たい……。

「こっち、こっちだよ！」

「どうしてお話ししてくれないの？　ねえねえ」

「こっちに楽しいところがあるよ。一緒に遊ぼう」

絶え間なく聞こえる、小さな女の子の声。背中に得体の知れない恐怖を感じながら、私は麻友の手を強く握り、走り続けた。

なかなか振り返らない私たちにしびれを切らしたのか、私と麻友を引き剝がそうとつないでいる手に掴みかかってきた。ソレの手らしきものは、氷のように冷たく、ぬめぬめしている。首筋にかかる吐息は、魚の腐ったような臭いがした。

もうやだ、もうやだ、もうやだ……。どうしてこんなことになったのか。今日は楽しい一日だったはずなのに、なぜ私はこんなところに閉じ込められているのだろう。無理やりにでも帰ればよかった。

ミラーハウスに入ったことを深く後悔していると、数メートル先にある鏡にピエロの絵が見える。ピエロが扉から顔を出しているイラストだ。

「出口だ！」

麻友は、私の手を振りほどき、ピエロの鏡に向かって走り出す。

「ちがう！　それは出口じゃない‼」

そう、あれはミラーハウスのトラップ。その絵は、出口に見せかけた行き止まりだ。麻友はこのミラーハウスに初めて入った。だから、ピエロのイラストがトラップであることを知らなかったのだ。私の声に反応し、振り返る麻友。

黒い影が猛スピードで鏡の中を進み、先ほどとは似ても似つかない低い声でこうささやいた。

「あーあ……残念でした」

黒い髪と長い腕は、麻友の体に絡みつき、あっという間に妹を鏡の中に引きずり込んだ。あの時、麻友は何かを叫んでいたような気がするけれど、何も思い出せない。私は、なすすべもなく、ただただ立ち尽くしていた。

「香菜?」

突然名前を呼ばれて振り返ると、そこには父と母、そして鏡に引きずり込まれたはずの妹の姿があった。

「お姉ちゃん、泣いてるの? 怖かった?」

私の頬が涙で濡れている。帰ってこられたんだ。よかった、麻友もいる。私は幻覚を見ていたんだ! 喜びと安堵で妹を抱きしめると、麻友は「また、3人で遊ぼうね」と、私にだけ聞こえる声でつぶやいた。

戸山ハイツ

▼限界集落に残る〝日本軍を恨む人間〟の呪い

東京都新宿区

文●田中 慧

駆け出しのライターだった二十数年前、新宿区にある「戸山ハイツ」という都営住宅に住んでいた。大久保通りと明治通りの交差点から北東側一帯に広がる巨大団地で、35棟もの賃貸住宅団地が戸山公園を囲むように立ち並んでいる。

私が住んでいたのは24号棟4階の角部屋。仕事が忙しく近所付き合いをする暇などなかったが、すれ違う住人を見るに60代以上の高齢者がかなり多かったと思う。

この物件は、たまたま創価学会員の友人から又貸ししてもらえたうえに、職場があった歌舞伎町にも近いのでラッキーだと思っていた。だが、当時付き合っていた彼女が転がり込んできた頃から、この場所がいわくつきの物件ではないかという疑いが芽生え始めた。

というのも、彼女は夜になるとよく頭痛や悪寒《おかん》といった謎の体調不良を訴えるのだ。ひどい時には、一晩中吐き気に苦しみ、私まで一睡もできない日もあった。彼女が連れてきた愛犬も、なぜか天井の一点に向かってひたすら吠え続けるという奇行を繰り返していた。

たしかに戸山ハイツ一帯には、「白い服を着た女の幽霊が出る」「夜になると苦しそうなうめき声が聞こえる」といった噂が流れていた。彼女も「この部屋、絶対におかしいよ」と言うが、まったく霊感がない私は、この時点では大して気に留めていなかった。

だがその後、私自身が戸山ハイツに違和感を抱かざるをえない日が訪れる。

おじいさんが落下していく瞬間

同棲生活が始まって半年ほどたったある日の深夜、私の住む24号棟で転落死亡事故が起きたのだ。落ちたのは7階に住んでいた80代の女性。一人暮らしで、目撃者はいなかった。認知症のようだったそうで、本人の意思による飛び降りか事故かは、明らかになっていないという。

事故当時、私と彼女は外出していて、帰宅すると入り口付近にブルーシートが張られていた。事故があったことは、周りを囲む警察官や野次馬の会話を耳にして知った。

自分の住む建物で人が死んだ不気味さを抱えながらエレベーターの前に着くと、先にエレベーターを待っていた住人のおじいさんに声をかけられた。たしか戸山ハイツの自治会の幹部だったと思う。私も何度か自治会に参加するよう促されていたが、どうしても名前が思い出せない。

「あんたら、いつになったら自治会に出るんだい？　乳繰り合う時間があるなら顔くらい出さんか」

「すみません。仕事が忙しいもんで……」と適当にやり過ごしていると、ちょうどエレベーターが到着。先に入って9階のボタンを押すおじいさんの後ろに2人で並んだ。

先に私たちの住む4階に到着し、「どうも」と一言残して彼女とエレベーターを出たところ、後ろから「うわ！」というおじいさんの声が聞こえた。

振り返ると、おじいさんは自分の住む階でもないのにエレベーターの外に出て、壁に手をつき青ざめた表情をしている。

「お、お前ら、何もしてないよな？」

「……なんのことですか」

「そうだよな……。いま、誰かに手を引っ張られた気がしてエレベーターの外に出たんだが……き、気のせいだよな？」

当然、私も彼女も何もしていない。

「気のせいならいいんだ。じゃあまた」と、おじいさんは再びエレベーターに乗り込んでいった。

私たちはいったい何が起きたのかよくわからないまま、部屋に戻った。

それから約2カ月後、そのおじいさんが死んだ。9階の自室からの転落死だ。

おじいさんが飛んだのは、ちょうど私と彼女が部屋で夕飯のカレーを食べている時だった。窓側を向いて座り、私が切ったジャガイモの形に文句を言っていた彼女は、おじいさんが落下していくその瞬間をはっきり目にしたという。あの時、急にスプーンを落とし、顔面蒼白で震えていた彼女の姿が、いまでも脳裏から離れない。

このおじいさんに関しても、事故なのか、はたまた自殺なのかは不明だ。おじいさんと親交があった住人によれば、「自治会に積極的に参加していたあの人が自殺なんてするとは思えない」と言う。だが、「ここ数カ月は何かにおびえている様子だった」という証言も出てきており、他殺説まで浮上する始末だ。

土の下から100体以上の人骨

いくら高齢者が多い団地だからといって、たった2カ月で2人もの転落事故が起きるものなのか。それに、先日のエレベーターでの一件を思うと、おじいさんの死が単なる不注意とは、とても思えない。

もしや……と思い、翌日、会社のオカルトマニアの先輩に話してみると、やはり予感は当たっていた。

「お前、戸山ハイツに住んでんの⁉　度胸あるなぁ」と先輩は言い、説明してくれた。あらましはこうだ。

現在の戸山ハイツを含む周囲一帯は、戦前は旧日本陸軍の施設が集中していた土地だった。戸山ハイツは、戦後の深刻な住宅不足から、初の都営住宅として建てられたという。

１９８９年には戸山ハイツの隣に国立感染症研究所の建設工事が始められたのだが、土地を掘り起こすと、１００体以上の人骨が発見されたそうだ。

「鑑定結果だとアジア系の人骨だったらしいよ。しかも、のこぎりで切断した痕やらホルマリン漬けにされた形跡やら、とにかく普通の死に方じゃなかったらしい」

なぜ新宿のど真ん中で、異常な人骨が大量に見つかったのか。その理由として、感染症研究所の建設地には戦前、陸軍軍医学校があり、「731部隊」という陸軍の秘密組織が人体実験を行っていたという説があるそうだ。

「731部隊ってのは、表向きは兵士の感染症予防や占領地の安全な給水システムを研究してたんだけど、裏では実戦用の生物兵器を開発していたといわれてるんだ」

その人体実験が行われた主な舞台は、731部隊の主要拠点だった満州のハルビン。その後、検体を日本に持ち帰り、この地に埋めたという説が有力視されている。

その裏づけとして、2001年に厚生労働省が発表した「戸山研究庁舎建設時に発見された人骨の由来調査について」という報告書には、旧陸軍軍医学校関係者による以下のような証言がある。

〈戦場に遺棄されている多数の中国兵戦屍体のなかから、主として頭部戦傷例を選別し標本として、持ち帰ったものと聞いている〉

〈昭和15年夏、ハルビンよりドラム缶に入ったホルマリン漬けの生首が届けられたことを覚えている〉

これらの証言が事実であれば、戸山ハイツは戦死者の死体が埋まった土地のすぐそばに存在することになる。それも、日本軍を恨む人間の死体だ。

「その人たちの怨念がいまも残っているとしたら、そのおばあさんもおじいさんも、単なる転落事故じゃないかもな」

その日、マンションに帰宅すると、彼女の荷物がなくなっていた。テーブルの上には「これ以上、この部屋に住み続けられません」という書き置きが残っていた。彼女の字だ。仕方のないことだろう。昼間に先輩から聞いた話を思えば、これまで彼女が苦しんでいた謎の症状にも納得がいくし、これ以上彼女を苦しめたくはないと、素直に了承した。

結局その後、私も高円寺に引っ越した。現在の戸山ハイツはさらに高齢化が進み、〝限界集落〟になっているという。窓からの転落事故や高齢者の孤独死は、いまもまだ続いているそうだ。

〝奇行主婦〟集団発生団地

◆都市ボーイズ・岸本 誠

いまから5年前、都内のある団地内に住む主婦たちによる奇行が相次ぎました。ベランダや階段から飛び降りて骨折したり、深夜に大声で叫んで走り回ったりと、突然、主婦たちがおかしな行動を始めたのです。死者は出なかったようですが、怪我をした本人はなぜ奇行に走ったかまるで覚えていませんでした。そんなことが何度も続き、「呪われた団地」として僕の耳に入ってきたのです。ある時、この団地の話を裏社会に詳しい方にしたところ、彼は団地の地域をピタリと言い当て、「呪いじゃないよ」と原因も教えてくれました。

驚くべきことに、そこは「ドラッグ団地」だったのです。ある時期から、売人が団地の主婦を通してドラッグを売り始め、それが主婦コミュニティーで広まった。奇行はドラッグによるものだったのですが、当然、本人たちは本当のことを言えないので、「呪い」という噂が広まりました。ただ、主婦たちの奇行はしばらくするとピタッとやみました。理由は簡単で売人が別の〝マーケット〟に移ったから。いまもどこかで「奇行団地」が生まれているのかもしれません。

十三《じゅうそう》の踏切

▼線路の暗がりを歩き続ける「下半身さん」

大阪府大阪市

私は「怪談作家」「実話怪談蒐集家」などと名乗らせていただいております。いろいろな人に「怖い話はないですか？」「不思議な経験をしたことは？」と尋ねて回り、それを文章にしたり、描いたり、怪談会でお話ししたりするような活動をしています。

でも私は、たぶん「霊感」というものがなくて、そういう存在を見たり、聞いたり、感じたりした経験がないのです。20代の頃から、ずっと何かを感知したいと願い続けていますが、それは叶わず、残念ながら私にはその力がないと思っています。

ただ、その霊感と呼ばれる力を、少しだけ「借りる」ということはできるのかもしれません。

数年前、ある怪談イベントで、都市ボーイズの早瀬康広さんとご一緒する機会がありました。早瀬さんは、怪異なお話をたくさん知ってらっしゃる人ですが、「呪物《じゅぶつ》」と呼ばれるいわくつきのアイテムを蒐集されていることでも有名です。その時も、イベントで披露するために呪物をいくつか持ってらっしゃいました。

そのなかに「見たらいけない木札」という呪物がありました。この木札にまつわる因縁は、早瀬さんがいろいろなところでお話しされているので、機会があればぜひ聞いていただきたいのですが、この木札は、「それを見た人に〝怪異〟を与える」という触れ込みでした。

霊能者だと、この木札を見た途端に吐いたり、体調が悪くなったりするそうです。また、それまで霊感などまったくなかった人でも、この木札に触れてから、不思議な現象が起こったり、霊の姿が見えるようになったり……。

私もその場で見せていただいたのですが、とくに気分が悪くなることもなく、どちらかといえば木札と、それにまつわるお話に圧倒されたという感覚でした。

下半身しかない〝何か〟

それから数週間ほどたった頃。当時、私は大阪市の郊外に住んでいて、その日は夫と連れ立って十三という駅の近くに食事に行くことにしたんです。

十三駅は3路線が乗り入れていて、駅の線路周辺は雑然とした雰囲気。ちょっと駅から離れた踏切を渡ったところに、私たちのお目当てのお店があり、そこに向かって2人で歩いていきました。

繁華街の近くにしては暗い踏切を渡っている時に、ふと線路の方を見ると、何かが動いている。距離にして10メートルくらい離れた場所の暗がりで、何かが線路の上を行ったり来たりしているのです。

その時思ったのは、「酔っぱらいかな」ということでした。ご存じの方もいると思いますが、十三は猥雑な町ですし、泥酔した人が線路に入り込んでしまうようなことはありうると思ったのです。

でもよく見ると、その酔っぱらいだと思った存在には、下半身しかないのです。てくてくと歩いているのですが、下半身だけ。

あぁ、きっと暗いから、上半身が影になってるのかな。

私はそう思い、その近くの標識や線路を見ました。その酔っぱらいと思しき存在は、暗がりの中でかろうじてわかる。暗いのですが、そこに〝何かがある〟というのは見えるのです。しかし、その人の上半身はない。本来、上半身があるだろうあたりに目を向けても、向こう側の風景が見えるだけです。

驚きはしたのですが、なぜか気持ちは落ち着いていました。でも、その場では夫に言い出せず、そのまま目的のお店に入って、明るい店内でしばらくしゃべったり、食事を楽しんだりしながら、さっき見た〝何か〟について打ち明けました。

「実は、さっきの踏切で、下半身しかない人を見たの」

夫はとくに驚くこともなく、「ふーん。じゃあ、帰りに確かめてみよう」と言います。

夫が言うには、その踏切とは少し離れたところにもうひとつ踏切があって、そこを渡っている人が、こちらから見て下半身しかないように見えたのではないか、ということでした。

踏切と踏切の間の暗がりを歩いていた

帰り道、私たちは先ほどの踏切とは50メートルほど離れた別の踏切に行ったのですが、そこには街灯がたくさんあって、あたりは煌々《こうこう》と照らされていました。私は、犬が歩いていてもくっきり浮かび上がるような場所だと感じました。

反対に、さっきの踏切は不自然に暗かったような気もしてきましたが、やっぱりあの「下半身さん」は、踏切と踏切の間の暗がりを歩いていたんだということを確信しました。

それでも不思議とそんなに怖くないというか、日常的な感覚。恐怖というのは、ある程度それを見たり聞いたりする準備をしていないと受け止められない。この時は、何も心の用意をしていない状態なので、戸惑いや、その状況を受け止め切れないという気持ちのほうが強く、「怖い」とは思わなかったのです。

霊感があるとは、こういう感覚なのかなとも思いました。

私もこういう仕事をしているもので、気になって調べたのです。十三駅の周辺で、踏切事故や殺人事件のようなものは起きていないか。昔の新聞記事などにも目を通しましたが、それらしい事故は出てきませんでした。

あのあたりは飲食街も風俗街もあり、昔から様々な人が集まっているので、そういう意味では、あらゆる場所で事件が起きている。「下半身さん」を特定できそうな事件は、見つけられませんでした。

私がこの話を書いたり、怪談会でお話しすることはありません。私のスタンスは聞き役に徹して怖い話を伺い、それを伝えること。私がそういう存在を見えるようになってしまうと、ポイントが少しずれてしまうというか、何かがこぼれるような気がしていて……。

あくまでも、余談として聞いていただければと思います。

横浜市の廃病院

▼永遠に続く「カルテを戻しておくように」の電話

神奈川県横浜市

文●深津さくら

私の友達の雄太さん（仮名）が、中学生時代に体験した話です。

雄太さんは、神奈川県横浜市の中学校に通っていました。生徒数がそこそこ多く、活発な校風で、陸上部に所属して競技に打ち込んでいたそうです。

雄太さんが中学校2年生の時、ひとつ上の先輩から「今日の部活終わり、ちょっと空いてるか」と言われました。

詳しく聞いてみると、学校から歩いて1時間くらいかかるところに、いまは使われていない病院の廃墟があるので、みんなで肝試しに行くという話でした。

その廃病院のことは噂では聞いたことがありましたが、実際に行ったという人は雄太さんの知るかぎり誰もいない。本当にあるのかもわかりません。

その先輩は同級生や後輩などに声をかけており、集まったのは5～6人。行くなら一人でも多いほうが心強いと、雄太さんにも声をかけたそうです。

しかし、雄太さんは心霊スポットや怖い話が大の苦手で、丁重に断ると、先輩は「じゃあいいよ。俺らだけで行ってくるから」と、放課後に数人で出かけていきました。

翌日、放課後になって部室へ行くと、先輩がみんなの前で武勇伝を披露していました。通りからちょっと入った、雑木林のような道を進んでいくと、本当にその廃病院はあって、建物はボロボロだが、中に入ると、まるで夜逃げをしたかのように器具や備品がそのままになっていた、と……。

そして先輩はいつになく真剣な表情で、「俺は霊感はないけど、あそこの雰囲気はちょっと異様だった。もう二度と行きたくない」と語り、「お前ら信じてないだろ？」と問い質《ただ》してきました。

「マジで行ったから」と言いながら、先輩は1枚の古びた紙を取り出しました。

その紙は、病院のカルテでした。

実際に病院に行ってきた証拠として、かつて受付だったと思われる場所にあった手書きのカルテを1枚持ち帰ってきており、それを勲章のように自慢げに見せしくれたのです。

「**ちゃんと受付まで戻してくれ**」

部活が始まる時間になり、しばらく練習していると、顧問の先生がその先輩に「ちょっと来い」と呼び出しをかけました。

雄太さんはちょうど近くにいたので、こっそり聞き耳を立てていると、先生が「おい、昨日、病院に行っただろ」と先輩に切り出しました。

先輩はたぶん、立ち入り禁止だと思われる廃病院に行ったことがバレて怒られると思ったのか、とっさに「いや、行ってないです」とごまかしました。

するとと先生がこう言うのです。

「お前、嘘はやめろ。こっちはわかってるんだぞ。さっき、病院の受付の人から電話がかかってきたから」

先輩は「え？」という顔で固まっています。

「なんかカルテだかなんかを勝手に持っていっただろ。返してくれと言ってたぞ」

雄太さんも「そんなはずは……」と思ったけど声が出ません。

その先生は、春から新任でやってきたばかりで、その病院がすでに廃業していることを知らないようでした。なので、その病院から電話がかかってくることを、不自然に思わなかったのです。

先生は「迷惑かけんなよ。窃盗になるからな。ちゃんと今日返しにいけよ」と、先輩の肩をポンと叩いて去っていきました。

先輩は、立ち聞きしていた雄太さんに気づき、「どういうこと？」と、すがるように聞いてきたそうです。

少しパニックになっていましたが、先輩は「とにかくカルテを返しに行かなければいけない」と決めたといいます。ただ、一人で行くのは怖い。そこで、陸上部の部員全員に声をかけて、その日の部活終わりに集団で返しに行くことになったのです。雄太さんも、さすがにこの流れでは断れず、一緒についていきました。

時刻は夕方を過ぎ、そろそろ日が暮れそうな頃、やっと病院に着きました。雄太さんが実際に目にした廃病院は、思ったよりもこぢんまりとした建物で、中庭はあるものの、個人経営の病院くらいの規模だったそうです。

入り口に向かって数段の小さな階段があり、その先に病院名と、かろうじて「内科」と書かれた文字が読めるドアが。ガラスは割れて、大きな穴も空いており、中の様子まで見通せます。

先輩はカルテを手に持ったものの、怖気づいて近づけない。怖くてたまらないと訴えますが、後輩たちは「先輩が行かなきゃしょうがないじゃないですか」と背中を押します。先輩は意を決して、よろよろと建物に近づき、カルテをドアの前の階段にさっと置いて引き返してきました。恐怖で足がすくみ、院内に入るのはおろか、玄関の階段に近づくので精一杯だったようです。

「もうこれでいいだろ」と先輩はつぶやき、そのままみんなで帰ったそうです。

翌日の部活中、先輩がまた先生に呼び出されました。雄太さんも思わずついていき話を聞くと、先生が開口一番、「おい、お前ちゃんとしろよ!」と怒っています。

「今日、病院から何度も電話がかかってきてるんだよ。お前、カルテを適当に階段のところに置いて帰っただろ。『ちゃんと受付まで戻してくれ』って、すごい声で訴えられたぞ」

先輩は無言でした。そして、二度と廃病院のことは口にしなくなりました。陸上部のみんなに聞くと、結局誰も病院には行かず、カルテもそのまま放置したそうです。

鳴りっぱなしになった電話

中学を卒業して数年後、同窓会が開かれたそうです。雄太さんが出席すると、あの時の新任だった先生も来ていたといいます。

そこで初めて先生に「こんなことがありましたよね」と、病院のカルテの話をすると、「あぁ、そういえばあったな」と思い出してくれました。

するとと先生がしみじみと、「あの時はアイツが怖がるかなと思って言ってなかったんだけども……」と、〝その後〟について聞かせてくれました。

「あの日から、『カルテをちゃんと戻しておくように』という電話が何度もかかってきたんだよ。それも日を追うごとに回数が増えて、最後は鳴りっぱなしになった。それで、これはもう業務に支障をきたすということで、その電話番号を着信拒否にしてやり過ごしたんだよ」

雄太さんは、思ったそうです。もしかすると、その廃病院の受付の人は、いまも学校に電話をかけ続けているかもしれない。

「カルテを戻しておくように」と。

3年に一人死ぬ部屋

▼アパートの一室で繰り返される〝確実な〟死

千葉県某所

いまから9年くらい前、当時、私が通っていた千葉県にある大学で、とある噂が話題になっていた。それは、学生が多く入居するあるアパートが、いわくつきの物件、いわゆる幽霊アパートではないか、というものだった。そのアパートに入居した学生は、不審な死を遂げたり、急に人格が異常になるという話だった。

大学のひとつ上の山田先輩（仮名）は、そのアパートに住んでいた。入学当初こそ温和な性格で知られていたという山田先輩は、私が入学した頃には〝狂人〟と呼ばれるほどの異常者扱いをされていた。ある日、山田先輩が長財布を片耳に当て、「もしもし」と話しているところに遭遇した。事前に噂を知っていた私は「ああ、これがあの……」と、面白いものを見た程度に思っただけだった。

私は、例のアパートの山田先輩の部屋の真下に住む、修司くん（仮名）とは大学の同級生だった。「そろそろ修司くんもやばいんじゃない？」などと、会うたびに軽口を叩いて

文●えんどうかなこ

いた。

ある日、大学の講義前に教室で、メイク直しをしようとアイシャドウパレットを開くと、鏡面に人影が映る。不気味に感じながらも鏡をよく見ると、山田先輩が覗き込んでいるではないか。鏡越しに視線が合い、ニタリとした表情に思わず「ひぃ！」と声が出かかったが、どうにか耐え、無視してやり過ごした。

なぜ学年の違う山田先輩がこの教室にいたのか疑問だったが、「彼は幽霊アパートに住む有名な変人なのだ」と自分を納得させ、急いでメイク直しを始めた。

数カ月後、山田先輩は統合失調症の診断を受け、退学した。

「……**私もうすぐ死ぬの**」

それから3年の月日が流れ、私も半年後には卒業を控えていた。就活を終えた頃には、もう幽霊アパートの話なんて誰の口の端にものぼらなくなっていた。

そんなある日、変わらず幽霊アパートに住み続ける修司くんの部屋に、私は卒論の資料を携えてお邪魔した。家主のように厚かましく机を占領し、卒論の作成をしていると、しばらくして上階から「コロコロ……」と音が聞こえてきた。

「なんか音しない？」

「あー、最近よくこの音するんだよ」

その音は何か固形の物体を転がしているような、もしくは引きずっているような音だった。「コロコロ……」と大きな音ではないが、ずっとだと気になる。さすがに上の階の住人に一言注意しようと、修司くんとともに上階の部屋に向かった。その部屋はドアが開けっぱなし。中を覗き込むと、ボサボサの長髪を垂らして、がっくりしような垂れた様子の女性が足を投げ出して座っているのが見える。

「あの、下の階の者ですが」

修司くんが声をかけると、女性は肩を少しだけ揺らしてゆるりとこちらに視線を向けた。

「……私もうすぐ死ぬの」

「え？」

突拍子もない言葉に、何も返せないでおろおろしている私たちを見て、女性はくすくす笑い始めた。

「あなたたち、なんにも知らないのね。この部屋にいた人はね、3年に一人死ぬの。3年前、ここに住んでいた大学生知ってる？　統合失調症で引っ越したとかいわれてるけど、実際は発狂して、自殺同然の死に方だったんですって」

女性の口から、初めてここで3年前に山田先輩が死んでいたことを聞かされた。いや、でもまさか……。

「次は私の番なのよ」

うわ言のようにつぶやく彼女を呆然と見ながら、私たちはただそこに立ち尽くしていた。

「死ぬ、死ぬ、死ぬ、死ぬ、死ぬ、死ぬ、死ぬ、死ぬ、死ぬ………」

「死ぬ」としか言わなくなった女性に、私たちはとてつもない恐怖を感じ、逃げるように部屋に戻った。

それから2週間後、その部屋が不動産屋のホームページに載っているのを偶然見かけ、私は嫌な予感を抱えたまま大家を訪ねてみた。住人だった女性について聞くと、大家は言葉を濁し明言を避けた。明らかに様子が変だ。不気味さが残る私は、さらに管理会社にも女性について聞いてみることにした。

管理会社の担当者は「どうせ噂は広まるでしょうから」と渋々ながら話してくれた。女性があの部屋でナイフを振り回して、自分で首を切って亡くなったというのだ。また、あの部屋で12年前にも死亡事件が起きていたことも教えてくれた。帰宅し、私は12年前の事件について調べた。

あの部屋には、母子家庭の親子が住んでいた。子育てに疲弊しノイローゼになった母親は、3歳だった娘の首を絞めて、自らも首を吊って自殺を図ったという。娘は助からなかったが、皮肉にも母親だけが一命を取り留めてしまった。母親は後遺症で声を発することができなくなり、「ウーウー」と唸り続けては、何かにおびえるようなそぶりを常に見せていたという。しばらくして母親は閉鎖病棟に移された。そして、その3年後に自殺した。

不審な点といえば、外部から遮断され、危険物などを取り上げられていた閉鎖病棟で、母親の死因は窒息死だった。ロープといった紐状のものがいっさいない状況での自殺。しかし、他殺の可能性はないという判断で、窒息による心肺停止の自殺と結論づけられた。

私は山田先輩の件も調べた。3年前、統合失調症と診断され、大学を中退。アパートの部屋から通院治療という形を取っていた山田先輩は、病院に向かう途中、突如何かに追われるように走り出し、往来の激しい車道に飛び出して、走行車に跳ねられて即死したとわかった。

〝いた〟だけで死ぬ

それから3年後。

私は社会人となり、中小企業の営業職に就いていた。仕事にもやっと慣れ、大学時代の友人たちとも疎遠になっていたある日のこと。大学同期の友人から久しぶりに電話がかかってきた。

「もしもし?」

「あ、いま大丈夫? 話せる?」

初めは他愛もない世間話をしていたが、不意に友人が慎重に言葉を選びながらぽつりぽつりと本題を話し始める。

「あんた、あの子と仲良かったよね? ほら、あの、修司くん」

「そうだったけど、どうかした?」

「驚かないで聞いてね。亡くなったんだって、先日」

電話越しに聞こえてきた話は、どこか非現実的に聞こえて、ふと、修司くんと、あのアパートのあの部屋を訪れた時のことを思い出した。

修司くんの死因は社宅の火災による焼死。緊急搬送された病院で「あの部屋……」「本当だった……」という言葉を残して亡くなったという。

おかしい。変だ。だって修司くんはあの部屋に住んではいなかった。

そこで、私はあの日の女性の言葉をはっきりと思い出した。

「この部屋に〝いた人〟はね、3年に一人死ぬの」

もしあの部屋に〝いた〟だけで何かの呪いに巻き込まれるんだとしたら……3年後、次に死ぬのは……。

「ナウシカレクイエム」が鳴り響く部屋

◆都市ボーイズ・早瀬康広

都心に退去者があとを絶たない事故物件があります。その部屋では2009年8月に女性が亡くなっています。当時を知る管理会社によれば、引っ越してきた直後からたびたび「部屋の中に男の人がいるから帰れない」という連絡が、彼女から担当者に来たそうです。しかし、警察や管理会社が駆けつけても誰もいません。そうしたことが続き、担当者は「カーテンなどを人間と見間違えているんじゃないですか？ 初めての一人暮らしで寂しいのもわかりますけど、勘弁してください」と強めに注意しました。すると翌日、女性は部屋の前にある共用廊下の手すりに縄をかけ、中庭に宙づりになる形で首を吊っていました。それ以降、毎年彼女が亡くなった日が近づくと、エレベーターからその部屋にかけて、水浸しの足跡がつくようになり、彼女が首を吊っていた下には雨も降っていないのに水たまりができるようになったのです。ちょうど、彼女が亡くなった日は雨が降っており、足から雫《しずく》が落ちて水たまりになっていたといいます。それが毎年再現されているということです。彼女の部屋でも変な現象が起きるため、毎年8月になると住人は退去するらしいのです。

ちなみに、僕はその部屋の上に現在住んでいます。先日、持ってもいないオルゴールが突然鳴り始めたことがありました。それは『風の谷のナウシカ』で有名な「ナウシカレクイエム」という曲。管理会社によると、亡くなった女性は大のジブリファンで、部屋にはジブリグッズがあふれていたそうです。また、オルゴールが鳴っている様子を撮影したものをYouTubeにアップしたところ、視聴者がオルゴールから流れる「ナウシカレクイエム」の制作年を調べてくれました。すると、それは女性が亡くなった年のものでした。

いまでも彼女の霊がマンションにいるのかもしれません。

11月に死ぬ部屋

◆都市ボーイズ・早瀬康広

いま東京でいちばんヤバいと噂されている事故物件があります。詳しい場所は言えませんが、そこは数年に一度、必ず住民が亡くなっています。普通のきれいなアパートなのですが、その部屋だけ不幸な出来事が起きます。

僕は、たまたま、その部屋の住人と連絡を取ることができ、取材のお願いをしていました。しかし、突然連絡がつかなくなったのです。気になって調べてみたところ、部屋で亡くなっていたことがわかりました。その部屋だけが火事になり、焼死していたのです。さらに、そこは男性しか住めない物件だったにもかかわらず、亡くなったのは女性。僕もメールだけのやりとりでしたので、女性だと気づいていませんでした。なぜ火事になったのか、なぜ女性が住んでいたのか、すべてが謎。

しかも、住人が亡くなる時期はすべて11月中旬というのも不気味です。そのようなことが起きる理由は不動産屋さんもわからないと話していました。

本書の前著となる『怖い村の話』に掲載した「白子村」の後日譚

白子《しらこ》村、その後

千葉県山武《さんぶ》郡九十九里町

▼〝お祓いなど効くはずがない〟怨念が渦巻く地

半年前、島田（仮名）、高木（仮名）と千葉県九十九里の浜宿海岸にある白子村を訪れた〝私〟。その地には44歳の者が訪れると呪われ、死ぬという言い伝えがあり、事実、44歳の自殺者、他殺事件が相次いで起こっていた。しかし、〝私〟は2人に、「42歳の者が死ぬ」と嘘を伝えた。そして、自宅に戻った高木は、精神に異常をきたし始めていた。高木は44歳だった——。

高木がどうなるのか見てみたい

人は、離れようとすればするほど、その問題の渦中に吸い込まれるようにできている。もはや、逃げたくても逃げられないのだ。こうなることが嫌だから、怖い話にはいっさい近づかないことにしてきたのに。

「高木。入院したよ。どんどん痩せていってさ。『眠れない』『この部屋から出られない』って一日中ぶつぶつ言ってたわ。あんまりにも異常だから、気をつけててよかったよ」

文●桜木ピロコ

ある日の深夜、高木は、九十九里の白子村から島田に電話をかけてきたそうだ。

「島田。俺、だめだ。我慢できなかった。来ちゃったよお」

消え入るようなすすり泣きを聞き、島田が警察に通報。すぐに保護され、そのまま最寄りの病院に入院となったらしい。

「あいつ、水を見ると、子供の泣き声が聞こえるって言い出してたな。怖がって、ほとんど飲まず食わずで暮らしてたみたいだ。お前さ。なんで黙ってああいうところに連れてったわけ？　責任ないとは言わせないよ」

島田の言うことはもっともな話で、ここまできたら、何かしらの償《つぐな》いをしなくてはならないと考えていた。殴られるのも覚悟で、島田と一緒に高木が入院している病院に行くことにした。私たちが白子村に訪れた日から半年ほどたっていた。

おかしなもので、九十九里への道のりはこの間よりも近く感じる。道はスムーズで快適だ。ただ、前回と違い、明るい昼間に走っているのに、左手に見える山は暗く「キジセンター」の看板に寒気を感じた。一方で、自分が怪談の渦中にいるという現実は、胸を熱くした。

人気の怪談師が言っていた。

「どうしてもね。見てみたいんですよ。呪われたいんですよ。だって、知らない世界。経験してみたいでしょ。だから、僕は心霊スポットに行ったり、呪物を集めたりするんです」

その時は、おかしなことを言う人もいるもんだと思っていたが、いまならわかる。それが知りたくて、九十九里に行ったのだ。あの時、たしかに高木がどうなるのか見てみたいと思っていた。だから嘘をついた。もちろん、44歳の呪いのとおり死んでほしいと望んでいるわけではない。謝罪もするつもりだ。それでも、やはり、高木はどうなるのだろう。そう思うと、胸は高鳴った。

青白く痩せこけた高木

病院のベッドに横たわる高木は、思いのほか元気そうで、むしろ、すっきりとしたような顔をしている。

「ここに来てからのほうが体調いいんだよ。夢も見なくなった。何より、あの海岸に行きたいっていう衝動が減ってきたんだ」

元来、温厚な性格なのか高木は、こちらを責めることも怒ることもしない。淡々と、この半年間、自分に起こったことを話してくれた。

「夢を見たり、部屋から出られないと思い込んだりして、日に日におかしくなっていったんだ。それが、そのうち、水を見ると赤ちゃんの泣き声が聞こえるようになってな。これにはまいった。水を飲もうとしても、風呂を見ても、トイレに行ってもなんだ。最初は左の耳から聞こえてくる。狂ったように泣き叫ぶ声が耳元でわんわん響く。それが右耳からも聞こえ始めるんだ。で、頭の中で四六時中、赤ちゃんの声がする。毎日、毎日な」

事態の異常性に気づいた高木は、初めてネットを検索し、44歳の呪いを知った。そこから、知人の父親にたどり着き、白子村の話を詳しく聞いたそうだ。

「あそこまで根が深い話だと思わなかったよ。44歳って1年あるもんな。逃げ切れたらいいけど」

青白く痩せこけた頰をくぼませる高木に、生気はない。

高木の話では、知人の父親は、現在も浜宿海岸付近に住んでいるとのことだった。連絡先を聞き、その日のうちに、島田と一緒に浜宿海岸を目指した。

同じような長い海岸が続いていたが、引き寄せられるように浜宿海岸にたどり着いた。一度来ているとはいえ、あまりにもすんなりと着いたことは恐怖だ。ことは〝地図から消された海岸〟。カーナビは近所を指すだけで機能していないはずだ。この時、すぐさま「運ばれてきた」と感じ、島田に運転を任せたことを後悔した。

まさか、再びここに来ることになるとは。あの日と比較にならないほど恐ろしい。車から降りたくなくて足がすくむ。

「一応、もう一度見ておいたほうがいいだろう。俺、あんまり覚えてないんだよ。お前のせいなんだし」

執拗に、お前のせいだと言う島田に抗えず、浜宿海岸にある白子村に足を踏み入れた。じっとりと生暖かく、まるでそこだけ時間が止まっているかのように、空気が動いていない。言葉もなく、海岸を歩き、鳥居を眺める。あの日の浮かれた気分は皆無で、背中に脂汗が浮かんでくる。呼吸がしづらい。

「もういいだろう」

島田に促され、先刻、約束をとりつけた知人の父親の家に向かった。浜宿海岸から車で10分かからない距離。ごく普通の田舎の2階家だ。インターホンを押すと、深刻な顔の老人が出てきて「家では話しにくいから」と言う。3人で車に乗り、街道筋のファミリーレストランに入ることにした。

呪い、悲しみ、無念

島田が切り出した。

「高木の友人です。いま、あいつ入院してて。それで、聞いているかと思うんですが、白子村の話です。もう少し詳しく聞かせていただけませんか？　高木を助けたいんです」

Aと名乗る老人は、彼の父親から聞いたという話や、子供の頃、大人から注意されてきたという話を聞かせてくれた。

「白子の由来な。誰が言い出したのか知らないが、気持ちのいい話じゃあない。忌《い》み子を流していて、その白くなった死体からとった名前なんて。だからそのうち、みぃんな口を噤《つぐ》むようになったんだ。あの浜は俺が子供の時から、人っ子一人近づかない場所だったんだよ。行くなんて馬鹿だ。44歳の焼身自殺だってちゃあんとわけがある。無駄だ。助からない」

44歳の自殺にもわけがあったとは初耳だ。やはり偶然ではなかったのか。

「あそこに初めて子供を流した母親が44歳だったと聞いている。昔は、そんな高齢で子供を授かることなんてめったになかったからな。長い間、悩んでやっとできた子供だったそうだ。それが、生まれてみたら、普通じゃなかった。頭は平たく、魚のような顔。赤く爛《ただ》れた皮膚はところどころ裂け、血が噴き出していた。とても人間には見えんかったそうだ。どんな気持ちだったのか。母親は浜宿から子供を流した。そして、自分は体に火をつけて死んだそうだ。それ以来、あの浜に44歳のもんが呼ばれるんだ。呼ばれたもんで助かったやつはいない」

奇形児や双生児の片方、あるいは口減らし、赤子たちは、白子村の海岸から次々と海に流された。外房の荒い波がその罪を責めるように、真っ白の溺死体を浜辺に送り返してくる。

生きたかった子供たちの呪い。育てたかった親の悲しみ。呼ばれた者たちの無念。

これだけの怨念が渦巻いている。お祓いなど効くはずがない。鳥居も、おそらくは、白子や母親の呪いを鎮めるためにつくられたのだろう。

無理だ。助かるわけがない。

好奇心は命取りになるとはよく言ったものだ。ただ、刺激が欲しくて遊びに来ただけなのに、取り返しのつかない事態になってしまった。

本当に取り返しがつかない。お前のせいだと責められ、再度、浜宿海岸に足を踏み入れてしまった。私は、いまは44歳なのだ。

恐怖なのか、期待なのか、怪談の登場人物になっていることへの悦びなのか。胸は締めつけられ、これまでに感じたことのないほどの興奮に満ちあふれている。

こうなれば、私は、私がどうなるのか、楽しむほかない。どうせ死ぬのだ。

怖い話にはいっさい近づかないようにしてきたのに。

本書は、２０２２年3月に小社より刊行した単行本『超・怖い村の話』に新規原稿を加え、改訂・再編集し文庫化したものです。

著者プロフィール

都市ボーイズ

陰謀論や裏社会に詳しい岸本誠と「稲川淳二の怪談グランプリ」で2017年、19年に優勝するなど心霊に明るい早瀬康広による放送作家ユニット。都市伝説や日常に忍び寄るオカルト、噂話を独自の目線で伝えるポッドキャスト番組『都市伝説 オカンとボクと、時々、イルミナティ』はApple社が選ぶ「2015年ベストオブポッドキャスト新人賞」にノミネート。YouTube「都市ボーイズチャンネル」の登録者数は30万人超（2023年6月現在)。

■岸本 誠（きしもと・まこと）

1984年9月28日生まれ。東京都新宿区歌舞伎町出身。最も影響を受けた都市伝説は「ベッドの下の男」。

■早瀬康広（はやせ・やすひろ）

1988年3月14日生まれ。岡山県津山市出身。最も影響を受けた都市伝説は「ツタンカーメンの呪い」。

宝島
SUGOI
文庫

行ってはいけない 呪いの村

（いってはいけない のろいのむら）

2023年7月20日　第1刷発行

監　修　都市ボーイズ
発行人　蓮見清一
発行所　株式会社 宝島社
〒102-8388　東京都千代田区一番町25番地
電話：営業 03(3234)4621
編集 03(3239)0646
https://tkj.jp

印刷・製本　株式会社広済堂ネクスト

First published 2022 by Takarajimasha, Inc.
ISBN 978-4-299-04531-7